Georg Alois Oblinger

gesucht gefunden

bedeutende Konversionen

fe-medien, kisslegg

1. Auflage 2009

Hauptstraße 22, D-88353 Kisslegg
www.fe-medien.de
Gestaltung: Manuel Kimmerle
Fotos: dpa, Archiv
Druck: CPI – Ebner & Spiegel, Ulm

ISBN: 978-3-939684-47-3
Printed in EU

In Verehrung
für Gerd-Klaus Kaltenbrunner

Inhalt

Von der Gnade berührt – Konversion ist mehr als Übertritt

Jene Menschen sind besonders interessant, deren Biografie nicht geradlinig verläuft. Wenn es in einem Leben eine große Wende gab, dann hat sich dort etwas Besonderes ereignet. Gibt jemand sogar seine hohe gesellschaftliche Position freiwillig auf um seiner Überzeugung willen, dann liegt in einem solchen Leben eine Dramatik, die den Zeitgenossen ebenso wie den Nachgeborenen zu einem geistigen Dialog herausfordert.

Als conversus bezeichnete man ursprünglich jemanden, der sein Leben in der Welt aufgab und in einen Orden eintrat. Heute spricht man von Konversion, wenn jemand aus Glaubensgründen seine Religion oder Konfession wechselt. Eine Übersetzung mit „Übertritt" oder „Glaubenswechsel" greift allerdings zu kurz. Erstens wird hier nur die äußerliche Seite eines Ereignisses beschrieben, das doch vorwiegend innerlich stattfindet. Zweitens ist auch nicht jeder Übertritt eine Konversion. Wenn ein katholischer Priester heiratet und dann zur evangelischen Kirche oder zur altkatholischen Kirche übertritt, wenn ein Katholik der evangelischen Kirche beitritt, weil diese in vielen moralischen Fragen weniger streng ist, wenn ein Christ die Konfession wechselt, weil in seinem neuen Wohngebiet die Mehrheit einer anderen Gemeinschaft angehört und er keine Nachteile haben möchte, dann findet hier zwar ein Übertritt, aber keine Konversion statt.

Nur wer einer tieferen Wahrheitserkenntnis folgt, ist auch ein Konvertit. Und solche Konvertiten, die nicht selten beträchtliche Widerstände und Schwierigkeiten auf sich nahmen, waren immer eine Bereicherung für die Kirche. Bei ihnen findet sich ein tiefer Glaube, der auch auf andere ansteckend und motivierend wirkt.

Entscheidend ist also immer das Motiv. Was den Konvertiten antreibt, ist die Suche nach der tieferen Wahrheit. Hier liegt die Brisanz der Konversionsthematik. Immer schockiert der Konvertit seine Umwelt und lässt sie ihre eigenen Überzeugungen hinterfragen. So sprach schon Georges Bernanos vom „lästigen Konvertiten".

Vor allem aber legt er durch seine Konversion ein Zeugnis dafür ab, dass es nicht egal ist, was man glaubt. Es gibt eine Wahrheit und der Mensch ist fähig, sie zu erkennen. Diese beiden Prämissen werden heute nicht mehr allgemein akzeptiert. Doch durch jede Konversion kommen sie erneut zur Sprache.

Manche Konversion steht am Ende eines langen Weges des mühsamen Fragens und Suchens, manche andere erfolgte plötzlich und unvorhersehbar in einem einzigen Augenblick. Manche erfolgte in früher Jugend, manche erst im hohen Alter. Manche brachte große Sicherheit in Glaubensfragen, manche ließ auch später wieder Zweifel aufkommen. Jede Konversion jedoch ist ein persönliches Glaubenszeugnis, und zwar in zweifacher Hinsicht: Der Konvertit selbst legt durch seinen Glaubensweg ein Zeugnis ab. Aber schon die Tatsache, dass jemand für seine Umwelt unverständlich und nicht selten für sich selbst zum Nachteil seine Überzeugung ändert, beweist, dass hier die Gnade Gottes das Herz eines Menschen berührt hat.

Die in diesem Buch beschriebenen Konversionen sind selbstverständlich nur eine bescheidene Auswahl aus einer großen Zahl von Möglichkeiten. Diese äußerst subjektive Auswahl versucht aber einen Querschnitt durch die Geschichte zu bieten und das Problem von möglichst unterschiedlichen Seiten aus zu betrachten. Wenn dennoch eine auffallende Häufung für das ausgehende 19. und beginnende 20. Jahrhundert festzustellen ist, so liegt dies daran, dass in dieser Zeit auffallend viele Konversionen erfolgten. Auch diesem Phänomen soll nachgespürt werden.

Ferner musste bei der Auswahl natürlich auch berücksichtigt werden, welche Konversionen gut bezeugt und dokumentiert sind. Nur solche Akte, die ein solides Quellenmaterial vorweisen können, konnten berücksichtigt werden.

Kampf dem Relativismus – Der Wert heutiger Konversion

In der Zeit nach dem Zweiten Weltkrieg erschien eine Fülle von Veröffentlichungen zum Thema Konversionen. Nach dem Zweiten Vatikanischen Konzil setzte ein Schweigen zu dieser Thematik ein, das bis heute andauert. Im Zeitalter der Ökumene haben viele Angst, das gute Klima zu stören, und Proselytenmacherei gilt als Schimpfwort. Oft wird argumentiert, jeder Christ solle in seiner Konfession bleiben und von dort aus für die Einheit wirken, indem er das allen Gemeinsame betone. Allerdings sieht das Ökumenismusdekret des Zweiten Vatikanischen Konzils keinerlei Widerspruch zwischen Konversion und ökumenisch pastoraler Arbeit, denn beide entspringen in gleicher Weise dem göttlichen Ratschluss und thematisieren die auch in ökumenischer Hinsicht zentrale Frage nach der Wahrheit und dem Willen Gottes.

Dennoch sind Konversionen auch heute aktuell und sorgen gelegentlich für Aufsehen. Im Dezember 2007 trat der ehemalige britische Premierminister Tony Blair zur katholischen Kirche über. Am Ostersonntag 2008 wurde Magdi Allam, der stellvertretende Chefredakteur des „Corriere della Sera", von Papst Benedikt XVI. in die katholische Kirche aufgenommen. Der Kämpfer gegen den Extremismus, der schon seit vielen Jahren durch seine Öffentlichkeitsarbeit für einen moderaten Islam eintrat, wurde getauft auf den Namen Magdi Cristiano Allam. Seine Konversion bezeichnet er als „eine Befreiung zur authentischen Religion der Wahrheit und des Lebens". Auch Peter Seewald, der Autor zweier Interview-Bücher mit Kardinal Joseph Ratzinger, verdankt der Auseinandersetzung mit diesem messerscharfen Denker die Rückkehr zum katholischen Glauben und den Wiedereintritt in die Kirche.

Die Psychotherapeutin und Publizistin Christa Meves, die seit den Siebzigerjahren den sittlichen Verfall anprangerte, sah im Papsttum die einzige Bastion gegen die immer weiter ausgreifende sexuelle Revolte. Sie trat 1987 vom Protestantismus zur katholischen Kirche über. 1995 hat Norma McCorvey zum christlichen Glauben gefunden. Sie hatte 1973 unter dem Decknamen Jane Roe die Legalisierung des Schwangerschaftsabbruchs in den USA gerichtlich erstritten. Heute spricht sie sich in Fernsehwerbespots gegen Abtreibungen aus und setzt sich dafür ein, dass das US-Verfassungsgericht das Grundsatzurteil widerruft.

Gabriele Kuby, die Tochter des linken Vorkämpfers Erich Kuby, hatte sich lange Zeit der Esoterik verschrieben, bis sie über die katholische Marienverehrung zu Christus und zur Kirche fand. 1997 wurde sie in die katholische Kirche aufgenommen.

Besonders zahlreich sind auch die Konversionen unter konservativen Intellektuellen. Caspar von Schrenck-Notzing, der dreißig Jahre lang die in Deutschland führende konservative Zeitschrift *Criticon* leitete, trat schon in den Achtzigerjahren aus Protest gegen den herrschenden Linkstrend aus der evangelischen Kirche aus und wurde im August 2007 in die katholische Kirche aufgenommen.

Ein Kennzeichen unserer heutigen Zeit ist sicherlich der zunehmende Pluralismus in allen Lebensbereichen. Selbst die evangelische Kirche versucht, unter ihrem Dach möglichst viele Glaubensüberzeugungen zu vereinen nach dem Motto „jeder nach seinem Geschmack". Papst Benedikt XVI. warnt vor einer Diktatur des Relativismus, „in der nichts als endgültig anerkannt wird und die als letzten Maßstab nur das eigene Ich und dessen Wünsche zulässt". Am ersten Tag des Konklaves, aus dem er als Papst hervorgehen sollte, hielt er eine beeindruckende Predigt, in der er die Kirche mit einem Schiff verglich, das in stürmischen Gewässern hin und her geworfen wird: „vom Marxismus zum Libertinismus, bis hin zur Libertinage; vom Kollektivismus zum radikalen Individualismus; vom Atheismus zu einer vagen religiösen Mystik; vom Agnostizismus zum Synkretismus und so weiter". Er forderte, „sicherzustellen, dass das Wort Gottes in seiner Größe erhalten bleibt und in seiner

Reinheit wieder so ertönt, dass es nicht von ständigen Modewechseln zerrüttet wird".

Eine Konversion konfrontiert uns immer mit der Frage nach dem Unwandelbaren. Gibt es in einer Welt, in der alles relativ geworden ist, noch Beständiges, an das man sich halten kann und für das es sich einzusetzen lohnt? Gibt es eine objektive Realität, aus der sich absolute Maßstäbe für richtig und falsch, gut und böse ableiten lassen, oder kann diese Realität nach Belieben konstruiert werden? Hier stehen sich heute zwei unversöhnliche Positionen gegenüber.

Die Personen, von denen in diesem Buch die Rede ist, waren von der Existenz ewiger Wahrheiten überzeugt. Für sie war es nicht egal, was jemand glaubt. Für die Konvertiten gibt es letzte Wahrheiten, und wer diese erkannt hat, ist gefordert, sich für sie einzusetzen. Er kann sogar Widerstände ertragen, denn diese sind nur relativ; aber jene Wahrheit, für die er lebt, ist ewig. Das ist die Botschaft eines jeden Konvertiten. Daher ist er ein Unbequemer für alle Gleichgültigen und ein Stachel im Fleisch für eine Gesellschaft, die dem Relativismus huldigt.

Die Tränen der Sünderin

Maria Magdalena

Unter den Jüngern Jesu ragt neben den Aposteln eine Person besonders hervor: Maria Magdalena, jene Frau, die von Jesus geheilt worden ist und die zur ersten Zeugin der Auferstehung wurde.

Diese Frau aus dem Evangelium hat zu allen Zeiten die unterschiedlichsten Menschen angesprochen. Progressive Theologen wollten in ihr die Geliebte Jesu erkennen. Feministinnen beriefen sich auf sie, wenn sie das Frauenpriestertum forderten. Andere begeisterten sich für diese Frau als Sünderin, da sie zuvor der Prostitution nachging. Und wie kaum eine andere Person des Neuen Testaments hat sie die Maler angesprochen, wie beispielsweise Tizian, Caravaggio, Veronese, Correggio und viele andere.

Die Heilige Schrift nennt sie Maria von Magdala oder Maria Magdalena. Der Evangelist Markus berichtet, dass Jesus aus ihr „sieben Dämonen ausgetrieben“ habe (Mk 16,9). Alle Evangelisten erwähnen diese Frau bei der Kreuzigung Jesu; nach Markus, Matthäus und Lukas ist sie auch bei der Grablegung anwesend sowie am Ostermorgen, als sie gemeinsam mit den anderen Frauen zum Grab geht und dort die Kunde von der Auferstehung vernimmt. Auch der Evangelist Johannes erzählt, wie sie zum Grab geht, dieses leer vorfindet und die Nachricht zu Petrus und dem Lieblingsjünger bringt. Später erscheint ihr der Auferstandene als Erster.

Die Tradition hat Maria Magdalena schon sehr früh identifiziert mit Maria von Betanien, der Schwester von Marta und Lazarus. Dann ist sie die Frau, die zu Füßen Jesu sitzt und ihm zuhört, während ihre Schwester sich in Geschäftigkeit ergeht. Auf den Vorwurf Martas, Maria würde ihr allein die ganze Arbeit überlassen, spricht Jesus: „Marta, Marta, du machst dir viele Sorgen und Mühen. Aber nur eines ist notwendig. Maria hat das Bessere erwählt, das soll ihr nicht genommen werden“ (Lk 10, 39–42). Markus und Matthäus erzählen eine ähnliche Begebenheit in Betanien, wo eine Frau das Haar Jesu mit kostbarem Nardenöl salbt. Hier sagt Jesus sogar voraus: „Überall auf der Welt, wo dieses Evangelium verkündet wird, wird man sich an sie erinnern und erzählen, was sie getan hat“ (Mt 26,13 / Mk 14,9).

Ebenso erkennt die Tradition Maria Magdalena in jener Sünderin – damit ist im biblischen Sprachgebrauch eine Prostituierte gemeint –, die im Haus des Pharisäers zu Füßen Jesu sitzt und ihm die Füße mit Öl salbt. Auch für sie ergreift Jesus öffentlich Partei, indem er sagt: „Ihr sind ihre vielen Sünden vergeben, weil sie so viel Liebe gezeigt hat“ (Lk 7,36–50).

Die „sieben Dämonen“ lassen sich daher auch deuten als Hinweis auf das Vorleben dieser späteren Heiligen, deren Gedenktag die Kirche am 22. Juli feiert. Was sie zur Heiligen macht, ist ihre große Liebe zu Jesus. Es ist eine geradezu verschwenderische Liebe, die das kostbarste Öl hernimmt, um Jesus einen Liebesdienst zu erweisen. Die Beziehung zu ihm und nicht der soziale Aspekt steht im Christentum an erster Stelle. Und es ist auffallend, dass gerade die Konvertiten von der christlichen Mystik meist stark angesprochen wurden.

Auch die Marta-Maria-Geschichte stellt einen Aspekt heraus, der sich bei nahezu allen Konvertiten beobachten lässt: Sie geben der Kontemplation den Vorrang vor aller Aktivität. Erst das Hinschauen und Hinhören auf Jesus befähigt zum rechten Tun. Ausgerechnet diese Frau hat sich Jesus als erste Auferstehungszeugin auserwählt und ihr den Auftrag zur Verkündigung erteilt: „Halte mich nicht fest, denn ich bin noch nicht zum Vater hinaufgegangen. Geh aber zu meinen Brüdern und sag ihnen: Ich gehe hinauf zu meinem Vater und zu eurem Vater, zu meinem Gott und zu eurem Gott“ (Joh 20,17). Daher hat ihr die Kirche den Ehrentitel „Apostola Apostolorum“ verliehen. Die Ausbreitung des Evangeliums nimmt also ihren Anfang bei jener großen Sünderin, die ihr vergangenes Leben beweint und von nun an immer die Nähe Jesu gesucht hat.

Der heilige Ignatius von Loyola, der Gründer des Jesuitenordens, schreibt über sie: „In der Tat, o Herr, sie ist ein Apostel. Sie hat dich gepredigt in der ganzen Welt mit einer Überzeugungskraft, die ganz ihr eigen ist. Sie hat mehr Bekehrungen erwirkt als die eifrigsten, die unerschrockensten Missionare. Denn sie hat alle Jahrhunderte die umfassende Huld deines gottmenschlichen Herzens verkündet. An jenem Tage, zu welchem dereinst die Geschehnisse aller Herzen enthüllt werden, wird jene Schar bekannt werden, die ohne Maria Magdalena verloren gegangen wäre. O hätte ich doch ihren Glauben, ihr Vertrauen, ihren Bußeifer, ihre Tränen."

Die biblische Konversion

Der Völkerapostel Paulus

Als Papst Johannes Paul II. bei seinem Deutschlandbesuch 1980 auf dem Domplatz in Fulda den heiligen Paulus zitierte, merkten die Zuhörer das nicht sofort und begannen zu klatschen. Der Papst unterbrach seine Predigt und fragte: „Wissen Sie eigentlich, wem Sie soeben Beifall gespendet haben? Dem heiligen Paulus!“ Diese Anekdote beweist, dass dieser große Völkerapostel, der fast im ganzen Mittelmeerraum den christlichen Glauben verkündete, auch heute die Menschen ansprechen und begeistern kann.

Auch die Welt, in der Paulus – hebräisch Saulus – lebte, lässt viele Parallelen zu heute erkennen. Es war eine multikulturelle Welt und gerade seine Heimatstadt Tarsus war ein Schmelztiegel verschiedener Nationen und Religionen. Paulus war römischer Staatsbürger und sehr gebildet. Seinen jüdischen Glauben nahm er sehr genau und so hatte er eine gute Kenntnis der Schrift erworben. Mit dem religiösen Eifer, den er an den Tag legte, ist er den religiösen Fanatikern unserer Zeit nicht unähnlich. Allerdings muss ihm auch hierbei völlige Selbstlosigkeit bescheinigt werden, die nie den eigenen Vorteil suchte und sich selbst auch niemals schonte. So kann man Paulus auch einen Idealisten nennen.

Als das Christentum entstand, wurde Paulus einer der erbittertsten Kämpfer gegen diese neue Lehre. Er trug auch die Verantwortung für die Steinigung des Stephanus, des ersten christlichen Märtyrers. (Apg 7,54–8,1). Doch dann kam es zu einem unvorhergesehenen, aber radikalen Wandel.

Als Paulus auf dem Weg nach Damaskus ist, um auch dort Jagd auf Christen zu machen, stürzt er plötzlich vom Pferd und hört eine Stimme, die zu ihm spricht: „Saul, Saul, warum verfolgst du mich?“ Auf seine Frage „Wer bist du Herr?“ erhält er die Antwort: „Ich bin Jesus, den du verfolgst.“ Paulus erhält die Weisung, in die Stadt Damaskus zu gehen; dort wird ihm gesagt werden, was er tun soll. Als er sich erhob, konnte er nicht mehr sehen und er blieb drei Tage blind. In der Apostelgeschichte wird diese berühmteste aller Bekehrungen gleich dreimal berichtet (Apg 9,1–29 / Apg 22, 3–21 / Apg 26,9–20).

Aus dem großen Christenverfolger wird der bedeutendste Missionar der christlichen Frühzeit.

Was bei dem heute sprichwörtlichen Damaskuserlebnis auffällt, sind die Worte, mit denen Jesus Paulus anspricht. Er fragt ihn nicht: „Warum verfolgst du meine Kirche?“, sondern „Warum verfolgst du mich?“ Dadurch macht Jesus deutlich, dass er selbst in seiner Kirche weiterlebt. Es handelt sich hier also nicht um irgendeine Institution.

Genau das ist der bleibende Einschnitt im Leben des Paulus. Ab diesem Ereignis dreht sich sein ganzes Leben und sein ganzer Einsatz nicht mehr um eine Lehre, sondern um eine Person. Zentrum seines gesamten Wirkens ist nun Jesus Christus selbst. So hebt er dann auch in seinen Briefen immer hervor, wie wichtig es ist, „in Christus“ zu sein.

Daher kommt es ihm jetzt auch nicht mehr auf das an, was er kann und leistet, sondern darauf, was Christus durch ihn bewirkt. Dabei unterlässt er es nie, seine eigene Schwäche und Unwürdigkeit zu betonen. Wenn er sich in seinen Briefen oft als „Knecht Jesu Christi“ bezeichnet, steht dahinter seine durch die Bekehrung gewonnene neue Sicht. Er schreibt: „Ich will mich meiner Schwachheit rühmen, damit die Kraft Christi auf mich herabkommt. Deswegen bejahe ich meine Ohnmacht, alle Misshandlungen und Nöte, Verfolgungen und Ängste, die ich für Christus ertrage; denn wenn ich schwach bin, dann bin ich stark.“ (2 Kor 12,9–10).

Das ist die neue Spiritualität des Paulus. Seine Liebe zu Christus ist so stark, dass er bei seiner ganzen Missionstätigkeit Christus selbst am Werk sieht. Durch Paulus handelt Christus. Diese mystische Lebenseinstellung wirkt sich dann aber auch existenziell aus. Denn wer mit Christus eins ist, muss auch leiden, wie er gelitten hat. Daher kann er behaupten: „Für den Leib Christi, die Kirche, ergänze ich in meinem irdischen Leben das, was an den Leiden Christi noch fehlt.“ Christus lebt weiter in seiner Kirche und er leidet weiter in seiner Kirche. Seinen Gefährten Timotheus fordert Paulus schließlich auf „Leide du mit mir für das Evangelium“ (2 Tim 1,8).

Es ist folgerichtig, wenn Paulus dann auch leiden musste. Mehrfach wurde er ausgepeitscht und kam ins Gefängnis. In Rom wurde er zum Tode verurteilt und enthauptet. Den ganzen Lebensweg aber seit seiner Bekehrung sah er sich untrennbar mit Christus verbunden. Durch sein Leben wurden seine eigenen Worte bestätigt: „Ich bin gewiss: Weder Tod noch Leben, weder Engel noch Mächte, weder Gegenwärtiges noch Zukünftiges, weder Gewalten der Höhe oder Tiefe noch irgendeine andere Kreatur können uns scheiden von der Liebe Gottes, die in Jesus Christus ist, unserem Herrn“ (Röm 8,38–39).

Das unruhige Herz

Der Kirchenlehrer Augustinus

Augustinus wird gelegentlich „der erste moderne Mensch“ genannt. Und tatsächlich findet sich bei ihm zum ersten Mal das Element der Gottsuche, das für den Menschen neuerer Zeit und für die meisten Konversionen typisch ist. Kam noch bei Paulus das Bekehrungserlebnis völlig unvorbereitet und traf einen in sich gefestigten Mann auf dem Höhepunkt seiner Karriere, so ereignet sich der Wandel bei Augustinus zu einem Zeitpunkt, als dieser am Ende seiner Kräfte war und bereits einen langen Weg der Suche hinter sich hatte.

Augustinus hatte den christlichen Glauben durch seine Mutter Monika kennengelernt, dann aber im Jugendalter als „Sklavenreligion“ abgetan. Er blieb ungetauft und beschäftigte sich stärker mit den Herausforderungen der Sinnlichkeit und des Intellekts. In seiner religiösen Suche wandte er sich der Sekte der Manichäer zu, die er jedoch bald wieder verlies. Er hatte eine Lebensgefährtin und einen unehelichen Sohn. Beruflich hatte es Augustinus schon in jungen Jahren zum Professor für Rhetorik gebracht und in dieser Eigenschaft auch den Bischof Ambrosius von Mailand kennen gelernt, den er um seine rhetorischen Fähigkeiten bewunderte. Allerdings war es Augustinus unklar, wie sein Leben weitergehen sollte. Bis jetzt konnte er keinen Sinn erkennen und all sein Tun schien ihm vergeblich.

Sein Elend beklagend ging Augustinus in seinem Garten auf und ab und haderte mit Gott. Da hörte er plötzlich eine Kinderstimme, die immer wieder rief: „Tolle, lege!“ („Nimm und lies!“). Da ihm jedoch kein Spiel bekannt war, zu dem ein solcher Satz gehörte, gelangte Augustinus zu der Überzeugung, dass Gott ihm etwas sagen wolle. Er schlug die Heilige Schrift auf und las die Stelle, auf die zuerst sein Blick fiel: „Die Stunde ist gekommen, aufzustehen vom Schlaf. Denn jetzt ist das Heil uns näher als zu der Zeit, da wir gläubig wurden. Die Nacht ist vorgerückt, der Tag ist nahe. Darum lasst uns ablegen die Werke der Finsternis und anlegen die Waffen des Lichts. Lasst uns ehrenhaft leben wie am Tag, ohne maßloses Essen und Trinken, ohne Unzucht und Ausschweifung, ohne Streit und Eifersucht. Legt (als neues Gewand) den Herrn Jesus Christus an und sorgt nicht so für euren Leib, dass die Begierden erwachen“ (Röm 13,11–14).

Dieses Ereignis trennte das Leben des Augustinus in zwei Teile. In diesem Augenblick erkannte er Christus und nichts war mehr so, wie es vorher war. Er lies sich taufen, wurde bald darauf Priester und schließlich sogar Bischof. Die Kirche verehrt ihn heute als einen der vier frühchristlichen Kirchenlehrer. Seine lange Suche nach Gott hat er beschrieben in seinen „Confessiones“ („Bekenntnisse“), in denen er alles Geschehene immer wieder in hymnisches Gotteslob münden lässt. Über seine Verirrungen schreibt er: „Du warst in mir, doch ich war nicht bei mir.“ Und ferner: „Ja, spät habe ich dich geliebt, du so alte und so neue Schönheit. Spät habe ich geliebt.“

Viele Versuche wurden unternommen, das Bekehrungserlebnis des Augustinus zu deuten. Die Psychologie hat gemeint, der Ruf des Kindes könnte eine Autosuggestion oder eine akustische Halluzination gewesen sein. In seiner Erschöpfung hätte Augustinus seine eigene Stimme nach außen projiziert. Dagegen muss eingewandt werden, dass Augustinus von diesem Ereignis fest überzeugt war und die erfolgte Lebenswende nie ins Wanken geriet.

Romano Guardini hat einen Mittelweg aufgezeigt, der einerseits die psychologische Seite ganz ernst nimmt, andererseits aber auch an der Kinderstimme als Realität festhält. Für ihn war Augustinus durch den inneren Kampf und seine Zerknirschung in seinem Inneren so sehr gelöst, dass ihn ein alltägliches Ereignis wie die Stimme des Kindes besonders ansprach und er diesen Worten in jener Situation besonderes Gewicht verlieh.

Hier wird sichtbar, was für jede Konversion unerlässlich ist. Es braucht eines Anstoßes von außen, der den inneren Prozess in Gang setzt. Dieser Anstoß kann noch so unscheinbar oder alltäglich sein. Aber wenn der Kairos, jene Gnadenstunde, da ist, vermag er Größtes zu bewirken.

Die „Confessiones“ des Augustinus sind ein Werk, das nicht nur autobiografischen Charakter hat, sondern das in seiner geistigen Tiefe jedem Gottsucher eine Hilfe ist. Zahlreiche Zitate hieraus haben Berühmtheit erlangt. Hier nur einige Kostproben:

„Gott, du hast uns, die wir dich nicht suchen, durch Christus gesucht. Du hast uns gesucht, damit wir dich suchen.“

„Suche nicht zu verstehen, um zu glauben, sondern glaube, um zu verstehen.“

„Nichts ist verborgener als Gott. Nichts ist gegenwärtiger als er.“

„Dich, o Gott, findet keiner, der dich nicht sucht.“

„Gott, zu dir hin hast du uns geschaffen und unruhig ist unser Herz, bis es ruhet in dir.“

Feuer vom Himmel

Blaise Pascal

Konversionen sind meist mit einem Wechsel der Konfession oder Religion verbunden. Manchmal hat jemand zunächst sogar ganz ohne Gott gelebt und wendet sich daraufhin erst der Religion zu. Es gibt aber auch Konversionen, bei denen ein bis dahin im Glauben lauer Mensch seinen schon vorhandenen Glauben durch ein bestimmtes Ereignis erst richtig erkennt und sein Glaubensleben dadurch neuen Schwung erhält. Dies kann so stark sein, dass in seinem Leben eine einschneidende Zäsur erkennbar wird. Das neue, vom Feuer des Glaubens durchdrungene Leben unterscheidet sich radikal vom seinem früheren.

So etwas geschah im Leben von Blaise Pascal. Von seinem Vater hatte er das naturwissenschaftliche Talent geerbt, das ihn zu einem der bedeutendsten Mathematiker und Physiker seiner Zeit werden ließ. Er erfand 1642 den Vorläufer aller Computer, die erste Rechenmaschine. Auch entwickelte er das Gesetz der kommunizierenden Röhren, die unabhängig von Gestalt und Volumen einem immer gleich hohen Flüssigkeitspegel zeigen. Ebenso erkannte er als Erster, dass der Luftdruck abhängig ist von der Höhe.

Pascal war ein gewohnheitsmäßiger Katholik, der in keiner Weise besonders auffiel. Er betete und ging zum Gottesdienst, aber er lebte für die Wissenschaft. Sie war das Ziel und der einzige Inhalt seines strebsamen Daseins. Da dies ihn jedoch nicht erfüllte, suchte er immer häufiger Zerstreuung in gesellschaftlichen Veranstaltungen.

Dies änderte sich schlagartig am Abend des 23. November 1654, als der 31-jährige Pascal ein Erlebnis hatte, das sich nur schwer mit Worten wiedergeben lässt. Für etwa zwei Stunden überkommt ihn eine innere Ergriffenheit, die ihn die Wahrheit des Glaubens deutlich erkennen lässt. Sofort ergreift er Stift und Papier und schreibt mit zitternder Hand einige Sätze nieder, die er von da an immer bei sich trug. Bei seinem Tod im Jahr 1662 fand man den Zettel eingenäht in seiner Manteltasche.

Der zentrale Satz dieses sogenannten Memorials lautet: „FEUER – Gott Abrahams, Gott Isaaks, Gott Jakobs, nicht der Philosophen und der Gelehrten. Gewissheit, Gewissheit, Empfinden, Freude, Friede. Gott Jesu Christi ..." Dann findet sich aber auch der Satz: „Jesus Christus! Ich habe mich von ihm getrennt, ich habe ihn geflohen, ich habe mich losgesagt von ihm, ich habe ihn gekreuzigt. Möge ich nie von ihm geschieden sein."

Es war ein Feuer vom Himmel, das Pascal ergriffen hatte. Wichtig ist, er kann es genau datieren. Das verdeutlicht, dass hier wirklich ein Eingriff von außen in sein Leben stattgefunden hat. Dieses Erlebnis hat ihm eine Sicherheit im Glauben geschenkt, die er nie wieder verlieren wollte, was ihn zum ständigen Mitführen des Zettels veranlasste. Tatsache ist: Er hat diese Gewissheit nicht wieder verloren. Vielmehr begann er von jenem Tag an, ein intensives religiöses Leben zu führen. In Diskussionen und in geistlichen Schriften wurde er jetzt zu einem der wortgewaltigsten Verteidiger des christlichen Glaubens. Eine von Pascal geplante große christliche Apologie kam wegen seines frühen Todes nicht mehr zustande. Vorbereitung hierfür war eine Sammlung loser Gedanken, die jedoch erhalten blieb und als „Pensées" („Gedanken") literarische und religiöse Bedeutung erlangt hat. Nur einige Zitate aus dieser Aphorismen-Sammlung:

„Der Eigenwille wird nie zufrieden sein; und könnte er über alles verfügen, was er will. Aber man ist in dem Augenblick zufrieden, da man auf ihn verzichtet. Ohne ihn kann man nicht unzufrieden sein; durch ihn kann man nicht zufrieden sein."

„Der Glaube sagt wohl das, was die Sinne nicht sagen, aber nicht das Gegenteil von dem, was sie sagen. Er ist über ihnen und nicht gegen sie."

„Aber der Gott Abrahams, der Gott Isaaks, der Gott Jakobs, der Gott der Christen ist ein Gott der Liebe und des Trostes, er ist ein Gott, der die Seele und das Herz derer erfüllt, die er besitzt, er ist ein Gott, der sie in ihrem Inneren ihr Elend und seine unendliche Barmherzigkeit fühlen lässt; der sich mit ihrem Seelengrunde vereint, der sie mit Demut erfüllt, mit Freude, mit Vertrauen, mit Liebe; der sie eines jeden anderen Zieles als seiner selbst unfähig macht."

Bekehrung auf dem Krankenbett

Ignatius von Loyola

Es waren in der Geschichte oftmals Konvertiten, die dem Leben der Kirche neuen Schwung gaben. Der Ordensgründer der Jesuiten und Entwickler der bis heute in Grundzügen gängigen Praxis der Exerzitien zeigt dies in exemplarischer Weise.

Dreißig Jahre lang führte Ignatius von Loyola als Offizier aus baskischem Adel ein ausschweifendes Leben, bis er am 23. Mai 1521 bei der Verteidigung Pamplonas von einer Kanonenkugel getroffen wurde und monatelang das Krankenbett hüten musste. Da er für gewöhnlich nur Ritterromane las, suchte er auch in dem Schloss, in dem er lag, nach dieser Gattung, fand aber nur zwei religiöse Bücher. Die zunächst aus Langeweile begonnene Lektüre brachte ihn bald dazu, sein bisheriges Leben zu überdenken. Dies rief in ihm das Bedürfnis hervor, Buße zu tun. Ihm imponierten Heilige wie Franziskus und Dominikus und die von ihnen gelebte Askese. Noch bewegte sich dieses geänderte Verlangen allerdings auf rein innerweltlicher Ebene. Es war ein Streben nach Tugenden, stand aber noch in keinem Zusammenhang mit Gott oder Jesus Christus.

Eine Marienvision in seinen Krankheitstagen bestätigte Ignatius in seinem Entschluss, sein Leben zu ändern. Maria verhalf ihm zu einer neuen Sicht der Sinnlichkeit, die er jetzt nicht mehr als Selbstzweck sah, sondern eingeordnet in Gottes Schöpfungsordnung. Er beschloss, Gott allein zu dienen und dem Seelenheil der Menschen. Dazu legte er zuerst ein Keuschheitsgelübde ab.

Dann machte er sich auf den Weg zum Kloster Montserrat, wo sich sein vollständiger Wandel vollzog. Er legte eine Lebensbeichte ab und tauschte seine vornehmen Kleider gegen Bettelkleider aus Sackleinen. Seine Waffen lies er am Altar der Klosterkirche zurück. Daraufhin verbrachte er etwa ein Jahr als Büßer in Manresa. Er verrichtete zahlreiche Bußübungen und richtete hierauf seine ganze Aufmerksamkeit. Wie er in seinem zu Lebensende verfassten geistlichen Testament „Bericht des Pilgers“ feststellt, war er zu diesem Zeitpunkt „blind“: Er sah weder konkrete Sünden, die er begangen hatte, noch sah er die Liebe Gottes und die Tatsache, dass dieser ihm bereits vergeben hatte.

In diesem Jahr, währenddessen er auch eine Wallfahrt nach Jerusalem unternahm, reifte sein geistiger Prozess, der mit der Bekehrung einsetzte. Er hatte zu kämpfen gegen Versuchungen, geistliche Zweifel, innere Leere, Mutlosigkeit bis hin zur Verzweiflung, die fast in einem Selbstmordversuch geendet hätte. Alle diese geistigen Kämpfe und Erlebnisse flossen ein in das Exerzitienbuch, das er während dieser Zeit schrieb und aus dem noch heute zahlreiche Menschen großen geistlichen Gewinn ziehen.

In den Folgejahren begann er das Studium der Theologie und schloss Freundschaft mit sechs Kommilitonen, mit denen er am Hochfest Mariä Himmelfahrt, am 15. August 1534, in der Kapelle St. Denis am Montmartre in Paris ein dreifaches Gelübde ablegte: Armut, Keuschheit und Mission in Palästina. Dies war die Geburtsstunde des Jesuitenordens, der 1540 die päpstliche Anerkennung fand und bald schon überaus stark anwuchs. Eine strenge Ordnung, eine klare Aufgabenstellung und eine Aufgeschlossenheit gegenüber modernen Formen der Verkündigung ließen ihn für viele attraktiv erscheinen. Als Ignatius von Loyola am 31. Juli 1556 im Alter von 65 Jahren starb, zählte der Orden bereits 10 000 Mitglieder.

Der Mystiker und Poet

Angelus Silesius (Johannes Scheffler)

Weitaus bekannter als der Mann selbst und seine Biografie sind seine geistlichen Verse, wie beispielsweise:

„Wird Christus tausendmal zu Betlehem geboren
und nicht in dir, du bliebst noch ewiglich verloren."

Oder:

„Mensch, werde wesentlich! Denn wenn die Welt vergeht,
so fällt der Zufall weg; das Wesen, das besteht."

Diese in Alexandrinern verfasste Epigramme entstammen der Spruchsammlung „Der cherubinische Wandersmann", die nach den Worten von Hermann Hesse „zu den sublimsten Blüten deutscher Frömmigkeit und Dichtung" gehört. Der Verfasser dieser Zeilen ist „der bewunderungswürdige und unabsehbar tiefe Angelus Silesius" (Arthur Schopenhauer). Wer nur seine Aussprüche kennt, hält ihn wahrscheinlich für einen Mann von seltener Ausgeglichenheit, innerer Ruhe und Gelassenheit. Doch Angelus Silesius, der mit bürgerlichem Namen Johannes Scheffler hieß, war genau das Gegenteil.

Der Grund hierfür liegt in erster Linie in seiner Biografie. 1624 wurde er in Breslau als erstes Kind eines zweiundsechzigjährigen Großgrundbesitzers und einer vierundzwanzig-jährigen Arzttochter geboren. Die Ehe der Eltern war aufgrund des großen Altersunterschieds nicht gerade glücklich. Im Alter von vierzehn Jahren verlor Johannes Scheffler beide Eltern während des Dreißigjährigen Krieges. Er hatte eine Schwester und einen Bruder, welcher früh in geistige Umnachtung fiel und in jungen Jahren verstarb. Diese Schicksalsschläge machten den jungen Mann zu einem äußerst einfühlsamen Menschen und ließen in ihm die Liebe zur Poesie erwachsen. Zugleich war aber Scheffler auch ein Mensch voller Unrast, der sich danach sehnte, in der Mystik selbst Ruhe zu erlangen.

Er studierte Medizin in Straßburg, einer damaligen Hochburg der mystischer Theologie in der Tradition von Meister Eckhart und Jakob Böhme. In Padua kam er als Lutheraner dann in Kontakt mit dem Barockkatholizismus. Nach seiner Promotion 1648 kehrte er zurück nach Schlesien, wo er mit Abraham von Franckenberg und Daniel von Czepko Kontakt knüpfte und durch sie das mystische Schrifttum kennenlernte. Er machte daraufhin bald auch Bekanntschaft mit dem Jesuitenorden und seiner Barockmystik.

Im strenggläubigen Luthertum stießen seine Gedanken und Verse, deren Veröffentlichung er plante, zunehmend auf Kritik. Seine zunehmende Distanzierung vom Protestantismus und seine Nähe zum Katholizismus jesuitischer Ausprägung mündeten am 12. Juni 1653 in die Konversion, die großes Aufsehen erregte und heftige literarische Angriffe hervorrief, die bis zu seinem Lebensende nicht aufhören sollten. 1661 empfing Scheffler die Priesterweihe und legte seinen Arztberuf nieder. Er diente der Kirche Christi außerdem durch seine insgesamt fünfundzwanzig Streitschriften zur Verteidigung des wahren Glaubens.

Die ersten fünf Bände seiner Epigramme veröffentlichte Scheffler 1657 unter dem Titel „Geistreiche Sinn- und Schlussreime". Eine um einen sechsten Band ergänzte Auflage erfolgte im Jahr 1675 – jetzt mit dem Titel „Der cherubinische Wandersmann". Alle Veröffentlichungen erfolgten unter dem Pseudonym Angelus Silesius – wörtlich übersetzt: der Bote Gottes aus Schlesien. Eine Vorliebe Schefflers für die Engel lässt sich nicht nur aus diesem Pseudonym, sondern auch aus dem Titel seines Werkes ableiten. Die Cherubim sind die sechsflügeligen Engel, die den himmlischen Wächterdienst vollziehen. Scheffler sah sich selbst als Wandersmann zwischen Himmel und Erde, der hierbei von den Engeln geleitet wird und von ihnen himmlisches Wissen mitgeteilt bekommt.

Wie Johannes Scheffler innerlich ein zerrissener Mensch war, so vollzieht er auch in seinem Hauptwerk einen geistigen Spagat. Die hierin enthaltenen Verse sind nicht nur Kurzgebete zu Christus beziehungsweise Gott Vater oder lyrische Stoßseufzer, sondern erreichen nicht selten die Nähe zur Häresie. So kommt hier nicht nur die Sehnsucht nach der Nähe Gottes und nach göttlicher Vereinigung zum Ausdruck, sondern oftmals wird angestrebt, Gott selbst zu werden oder sogar über Gott zu gelangen:

„Halt an, wo läufst du hin? Der Himmerl ist in dir; suchst du Gott anderswo, du fehlst ihn für und für.“

Es wundert daher nicht, dass Angelus Silesius sehr unterschiedliche Leserschichten anspricht – vom Agnostiker und Zweifler über den Pantheisten oder den noch indifferenten Gottsucher bis hin zum frommen Christen jedweder Konfession. Auch heute singen katholische wie evangelische Christen vertonte Silesius-Texte wie „Mir nach, spricht Christus, unser Held“ oder „Ich will dich lieben, meine Stärke“, das bedeutendste Exemplar der barocken christlichen Brautmystik. Und der katholische Priester liest Schefflers Epigramme regelmäßig im Brevier.

Johannes Scheffler erkrankte in seinen letzten Lebensjahren an der Schwindsucht und verstarb 1677. Bestattet wurde er in jener Kirche, in der er auch konvertierte, in der Barockkirche St. Matthias in Breslau. Danach war er 150 Jahre lang weitestgehend vergessen. Die Tatsache seiner heutigen hohen Wertschätzung ist zurückzuführen auf seine Wiederentdeckung um das Jahr 1820. Erst die Spätromantiker brachten jene Empfindsamkeit auf, die ihnen den Zugang zu dieser Mystik ermöglichte. Goethe las den Band „Der cherubinische Wandersmann“ im August 1820, Gottfried Keller erwähnt das Epos sogar in seinem Roman „Der grüne Heinrich“, wo er dessen „lebendige Sprache und poetische Glut“ rühmt.

Angelus Silesius alias Johannes Scheffler hat ein Werk voller Ausdruckskraft geschaffen, das immer wieder mit provokativen Wendungen überrascht. Gerade hierin liegt seine Originalität. Er war ein Gottsucher, den seine inneren Gegensätze und Spannungen zerrissen hätten, hätte er nicht im mystischen Gebet einen Halt und inneren Ausgleich gefunden. Jene Mystik aber führte ihn zur katholischen Kirche und brachte ein Werk von seltener geistlicher Tiefe hervor, das noch heute den Leser in seinen Bann zieht.

Ein Gegner religiöser Beliebigkeit

Kardinal John Henry Newman

Papst Benedikt XVI. ist ein großer Verehrer von Englands bedeutendstem Konvertiten John Henry Newman. Nach Meinung des Papstes hat sein Leben und Werk bis heute nichts an Aktualität eingebüßt.

Als Sohn eines Londoner Bankiers wurde Newman am 21. Februar 1801 geboren. Seine Eltern waren praktizierende Anglikaner. Er schreibt indes später über seine eigene religiöse Haltung in der Jugendzeit: „Ich erinnere mich (1815 war es, glaube ich) des Gedankens, ich möchte wohl tugendhaft sein, aber nicht religiös."

Der erste Schritt seiner Bekehrung erfolgte 1816. Er schreibt darüber selbst: „Als ich fünfzehn Jahre alt war, ging in meinem Denken eine große Änderung vor sich. Ich kam unter den Einfluss eines bestimmten Glaubensbekenntnisses, und mein Geist nahm dogmatische Eindrücke in sich auf, die durch Gottes Güte nie mehr ausgelöscht und getrübt wurden." Als Jugendlicher schon ist er ergriffen von der Wahrheit des Evangeliums.

Nach einer Phase, in der er der evangelikalen Richtung anhing, begann er die Kirchenväter zu lesen, deren Werke die frühe Kirche geprägt haben. Gemeinsam mit John Keble und Edward Bouverie Pusey begründete er die „Oxfordbewegung", die bestrebt war, das katholische Erbe auch in der anglikanischen Kirche wieder zu beleben. Lange Jahre suchte er nach einem Mittelweg zwischen dem Protestantismus und der römisch-katholischen Kirche. Ersterer sei zu liberal und in entscheidenden Punkten von der Überlieferung abgeirrt, letztere hätte zweifelhafte Frömmigkeitsformen entwickelt und sich damit ebenfalls von der Tradition entfernt. Als Wahrheit vermag er nur anzuerkennen „was immer, überall und von allen geglaubt worden ist".

Gerade diese Definition, die auf Vinzenz von Lérins zurückgeht, führt Newman aber nach einigen Jahren existentieller Krise und unermüdlichem Forschen nach der Wahrheit zur Kirche von Rom. Am 8. Oktober 1845 wird er in Littlemore in die katholische Kirche aufgenommen. Damit gab er, der 1825 die anglikanische Priesterweihe empfangen hat, seine angesehene Stellung als Pfarrer der Oxforder

Universitätskirche auf und empfing nach theologischen Studien in Rom am 30. Mai 1847 die katholische Priesterweihe.

Damit war der Weg seines persönlichen Suchens zwar zu Ende, doch die Schwierigkeiten gingen jetzt erst richtig los. Mit seinem Übertritt stieß er nicht nur auf Unverständnis, sondern oftmals auch auf Ablehnung und öffentliche Anfeindungen. Nicht einmal seine eigene Familie konnte verstehen, warum er seine angesehene Stellung aufgegeben hat und einer religiösen Splittergruppe beigetreten ist, deren Mitglieder meist der untersten Bevölkerungsschicht entstammten.

Gerade in der Verachtung erweist sich jedoch die Glaubensstärke John Henry Newmans. Er schreibt darüber: „Von der Zeit an, da ich katholisch wurde, habe ich natürlich keine Geschichte meiner religiösen Anschauungen mehr zu schreiben. Damit will ich nicht sagen, dass mein Geist müßig gewesen sei oder dass ich aufgehört hätte, über theologische Fragen nachzudenken; sondern dass ich keine Änderungen mehr durchzumachen hatte und keinerlei Besorgnis mehr im Herzen trug. Ich habe in vollkommenem Frieden und ungestörter innerer Ruhe gelebt, ohne je von einem einzigen Zweifel heimgesucht zu werden." Und an einer anderen Stelle: „Zehntausend Schwierigkeiten machen noch keinen Zweifel."

Klare Begriffe in Glaubensfragen sind für Newman unerlässlich, denn sie bewahren vor Irrtümern. So begründet er die Notwendigkeit kirchlicher Dogmen. In seinen theologischen Schriften hat er sich ausführlich mit der Dreifaltigkeitslehre beschäftigt, bei der eine präzise Begrifflichkeit unerlässlich ist. Ein weiterer Schwerpunkt seines Schaffens ist die Marienlehre. Newman betont, dass die Marienverehrung ganz und gar biblisch ist, und grenzt sie ab von einer falschen Vergötterung Mariens.

Vor allem aber um den Kirchenbegriff hat sich Newman sehr verdient gemacht. Die Kirche ist für ihn Sakrament Gottes und Garantin des wahren Glaubens. Nur unter der Voraussetzung, dass es nur eine Kirche gibt, lässt sich eine Konversion überhaupt theologisch rechtfertigen. Später schrieb er: „Diese Kirche hat dem einfachen evangelischen Glauben meiner ersten Lehrer etwas hinzugefügt, aber nichts davon verdunkelt, verwässert oder abgeschwächt."

In seinen letzten Lebensjahren widerfährt ihm zunehmend auch öffentliche Anerkennung, die 1879 in seiner Erhebung zum Kardinal durch Papst Leo XIII. gipfelt. Zu diesem Anlass hält er eine Rede, in der er sein Leben als Kampf gegen den Liberalismus deutet: „Liberalismus in der Religion ist die Lehre, dass es in der Religion keine positive Wahrheit gibt, sondern dass ein Bekenntnis so gut ist wie das andere, und dies ist die Lehre, die Tag für Tag an Einfluss und Macht gewinnt. Sie ist unvereinbar mit irgendeiner Anerkennung irgendeiner Religion als wahr. Sie lehrt, alles müsste toleriert werden, denn alles sei schließlich eine Sache der persönlichen Ansicht. Geoffenbarte Religion ist keine Wahrheit, sondern eine Sache des Gefühls und des Geschmacks, sie ist kein objektives Faktum, gehört in den Bereich des Wunderbaren." Am Tag vor seiner Wahl zum Papst hat Kardinal Joseph Ratzinger diesen Gedanken aufgegriffen und vor einer Diktatur des Relativismus gewarnt.

Sein letztes Lebensjahrzehnt verbringt Newman im Oratorium von Birmingham, wo er von zahlreichen Menschen um persönlichen oder theologischen Rat gebeten wird. Er stirbt am 11. August 1890 im Alter von 81 Jahren.

In einer Rede während des Zweiten Vatikanischen Konzils sagte Papst Paul VI.: „Newman, dessen Leben unter dem Wort stand: ‚Ich habe eine Sendung zu erfüllen', hat – einzig von der Liebe zur Wahrheit und der Treue zu Christus geleitet – einen Weg vollendet, der zu den charakteristischsten und konsequentesten Wegen gehört, die das menschliche Denken im vergangenen Jahrhundert, ja man kann sagen in der ganzen modernen Zeit, gegangen ist, mit dem Ziel, zugleich zur Fülle der Weisheit und des inneren Friedens zu gelangen."

Am 22. Januar 1991 hat die Kirche den heroischen Tugendgrad Newmans festgestellt und ihn zum „ehrwürdigen Diener Gottes" erklärt. Nachdem kürzlich auch ein Heilungswunder auf seine Fürsprache anerkannt wurde, darf bald mit einer Seligsprechung gerechnet werden.

„Das geht nun wirklich zu weit“

Gilbert Keith Chesterton

Mit zwölf war ich ein Heide, mit sechzehn ein kompletter Agnostiker." So bekennt Gilbert Keith Chesterton in seiner Autobiografie. Diese erschien auch unter dem Titel „Der Mann mit dem goldenen Schlüssel" und damit ist – bei Chesterton wie immer äußerst bildhaft – die Geschichte seiner religiösen Suche angesprochen.

Der Autor des legendären Father Brown beschreibt auch diese biografische Episode in Form einer Detektivgeschichte: Als Kind sah er in einem Puppentheater, das sein Vater für ihn anfertigte, die Figur eines jungen Mannes mit einem großen goldenen Schlüssel. Diese Kindheitserinnerung blieb für ihn das Rätsel seines Lebens. Mit fortschreitendem Alter löste er dieses Rätsel und fand den Mann mit dem goldenen Schlüssel. Es ist der Papst, dem als Nachfolger Petri die Schlüssel des Himmelreiches anvertraut sind. Im katholischen Glauben findet der streng logisch denkende Chesterton auch die Antwort auf sämtliche andere Fragen und Rätsel, die seine Beobachtung und sein eigenes Leben ihm aufgaben. Nichts ist für ihn logischer als der katholische Glaube.

So trat er im Jahr 1922 im Alter von 48 Jahren zum katholischen Glauben über und löste damit in England geradezu einen Skandal aus. Für viele seiner Zeitgenossen gab es kaum einen größeren Widerspruch als den zwischen katholischem Glauben und logischem Denken. Sein befreundeter Kollege George Bernhard Shaw, mit dem er sich mehrere öffentliche Rededuelle lieferte, schrieb dem für seine Unkonventionalität bekannten Chesterton: „Mein lieber G. K. C., das geht nun wirklich zu weit."

In dem Aufsatz „Was mich hätte abhalten sollen ..." begründet Chesterton seine Konversion: „Immer deutlicher sah ich – durch die Geschichte und eigene Erfahrung belehrt – wie ein christliches Volk aus unerklärlichen Gründen lange Zeit verfolgt wurde und noch stets gehasst wird, bis mir plötzlich klar wurde, dass dies einfach sein musste, weil sie ebenso gründliche und unbequeme Christen waren wie die, die einst unter Nero den Löwen vorgeworfen wurden." Ein weiteres Argument liefert er in seiner Autobiografie: „Wenn Leute mich fragen oder irgendwie sonst die Frage an mich herantritt ‚Warum schlossen Sie sich der römischen Kirche an?', ist die erste wesentliche, wenn zum Teil auch abgekürzte Antwort: ‚Um von meinen Sünden frei zuwerden.' Denn es gibt kein anderes religiöses System, das wirklich verkündet, die Menschen von den Sünden frei zu machen."

Gilbert Keith Chesterton war ein Mann von gewaltigen Ausmaßen – körperlich wie geistig. Er maß fast zwei Meter und hatte einen enormen Leibesumfang. Ferner war er ein Gourmand, Zigarrenraucher, Vieltrinker und Vielschreiber. Außer den weitverbreiteten Father-Brown-Stories schrieb er zahlreiche Gedichte, Biografien, Romane, Erzählungen und allein mehr als 4000 Essays. Seine Sekretärin berichtet, er habe nie diktiert, ohne vorher mit der Zigarre ein Kreuzzeichen zu schlagen. Mit spitzer Feder attackierte er immer wieder gerne den Zeitgeist und entlarvt verbreitete Irrtümer und Klischees. Dabei verlor er nie seinen Humor und gebrauchte als Lieblingsstilmittel vor allem das Paradoxon.

In seinem Buch „Orthodoxie" entwarf er viele Jahre vor seiner Konversion einen Abenteuerroman von einem englischen Seefahrer, der aufgrund eines Fehlers bei der Kursberechnung nicht auf einer Insel in der Südsee, sondern wieder in England landet. Dort macht er große, erfreuliche wie erschreckende Entdeckungen. Chesterton schließt mit den Sätzen: „Mein Beispiel von dem Seefahrer, der England entdeckt, hat seinen guten Grund. Denn der Seefahrer bin ich. Ich habe England entdeckt." Vom christlichen Glauben aus wurde für ihn alles andere verständlich. Dieser christliche Glaube bedeutete für ihn aber die römisch-katholische Kirche, die er oftmals vehement verteidigte.

Im selben Buch führt er auch zahlreiche Vorwürfe gegen das Christentum an, die sich selbst widersprechen. Er schlussfolgert, dass das Christentum nicht gleichzeitig an zweierlei Krankheiten leide, sondern, dass es gerade die Norm, das Mittel sei. „Vielleicht ist letztlich das Christentum normal und alle seine Kritiker sind verrückt – auf verschiedene Arten."

Dennoch vergingen von der Veröffentlichung dieses Textes bis zur wirklichen Konversion nochmals vierzehn Jahre. Zwei Gründe lassen sich anführen dafür, dass Chesterton seine Konversion so lange hinauszögerte. Zum einen wollte er seine Frau Francis nicht verletzen, zum anderen hatte er gewisse Vorbehalte gegenüber der Bindung an eine Institution, die er aber letzten Endes überwandt. Sie schien ihm wohl das geringere Übel gegenüber der so verbreiteten Fortschrittsgläubigkeit seiner Zeitgenossen. In immer neuen Varianten wandte er sich gegen dieses seiner Ansicht nach größte Übel seiner Zeit.

Bei seinem Tod im Jahr 1936 wurde Chesterton von Papst Pius XI. der Titel „Defensor fidei" (Verteidiger des Glaubens) verliehen. Beleg hierfür ist sein gesamtes literarisches Werk, insbesondere seine Essays. Manche seiner Sätze haben geradezu aphoristischen Charakter. Hier nur einige Beispiele:

„Wenigstens fünfmal ist mit den Arianern und den Albigensern, den humanistischen Skeptikern, mit Voltaire und mit Darwin der Glaube allem Anschein nach vor die Hunde gegangen. Doch stets war es der Hund, der starb."

„Das Christentum ist immer unmodern, weil es immer gesund ist; und alle Moden sind milde Formen des Wahnsinns."

„Auch der Fortschritt hat seine Heiligen und seine Märtyrer, seine eigenen Legenden und Wundergeschichten wie jede andere Religion, nur sind sie meistens falsch."

„Der Materialist versteht alles, aber dieses alles ist so armselig, dass es sich nicht lohnt, es zu verstehen. Sein Universum mag in allen Angeln festgefügt sein, aber es ist kleiner als unsere Welt."

„Das ist die einzige Frage, die wirklich zählt – ob die Kirche tatsächlich verrückter ist als die Welt."

„Ich glaube, weil ich erkenne, dass das Leben mit dem Glauben logisch und handhabbar ist, aber unlogisch und unerträglich ohne ihn."

„Nur Esel haben keine Dogmen."

Vernunft und Glaube

Clive Staples Lewis

Ein junger Mann, der Atheist bleiben möchte, kann bei der Auswahl seiner Lektüre nicht vorsichtig genug sein. Überall lauern Fallen ... Gott ist, wenn ich das sagen darf, sehr skrupellos ... In der Tat, ein junger Atheist kann seinen Unglauben nicht sorgsam genug beschützen. Gefahren liegen und lauern an jeder Ecke." So warnt Clive Staples Lewis in seiner 1955 erschienenen Autobiografie „Überrascht von Freude". Und tatsächlich waren es Bücher und dadurch angestoßene Gespräche, die seine Konversion – oder besser Re-Konversion – auslösten.

Im Jugendalter hatte er sich vom Glauben radikal abgewandt und empfand die Predigten seines Großvaters, der anglikanischer Pfarrer war, nur als peinlich. Als Siebzehnjähriger schrieb er in einem Brief: „Ich glaube an keine Religion. Sie lassen sich allesamt absolut nicht beweisen, und philosophisch gesehen ist das Christentum nicht einmal die beste. Alle Religionen, das heißt alle Mythologien, um sie zutreffend zu benennen, sind lediglich menschliche Erfindungen." Das war im Oktober 1916.

Gut ein Jahr später, als er als Soldat im Militärkrankenhaus lag, las er einen Essayband von Chesterton und war sofort fasziniert: einmal vom Humor Chestertons, der nicht aufgesetzt erscheint, sondern wie ein basso continuo die Grundlinie seines ganzen Denkens bildet; aber auch von dessen großer Güte. In den folgenden Jahren wurde der hierdurch angestoßene Prozess weitergeführt, vor allem durch die Lektüre katholischer Autoren wie George McDonald, John Milton und Edmund Spenser. Stets aufs Neue war C. S. Lewis beeindruckt von der intellektuellen Brillanz und gedanklichen Tiefe ihrer Werke. Die Bücher nichtgläubiger Autoren kamen ihm im Vergleich dazu unterhaltsam, aber dennoch irgendwie dünn vor. Noch konnte sich Lewis selbst nicht zum Glauben durchringen, doch er musste gestehen: „Die Christen haben unrecht, die übrigen aber sind Langweiler."

1925 erschien Chestertons Essayband „Der unsterbliche Mensch". Lewis las ihn sofort und bekannte später, dieses sei das Buch, das ihn in seinem Leben am meisten geprägt habe. Es folgten tiefe religiöse

Gespräche mit seinen katholischen Universitätskollegen J. R. R. Tolkien und Hugo Dyson. Lewis musste die Überlegenheit des Gottesglaubens anerkennen. In seiner Autobiografie schreibt er: „Im Sommersemester 1929 gab ich nach und bekannte, dass Gott Gott ist. Ich kniete nieder und betete. In dieser Nacht war ich wohl der am meisten deprimierte und widerwilligste Konvertit in ganz England."

Doch damit war C. S. Lewis noch nicht Christ. Es vergingen noch zwei weitere Jahre mit zahlreichen Diskussionen, bis er im September 1931 sich endgültig zur christlichen Glaubensüberzeugung durchringen konnte: „Jetzt ist die Geschichte von Christus einfach ein wahrer Mythos: ein Mythos, der wie alle Mythen auf uns wirkt, mit dem gewaltigen Unterschied, dass es sich wirklich zugetragen hat."

In den folgenden Jahren wurde Lewis zu einem der gefragtesten christlichen Redner und Schriftsteller. Was an ihm so sehr fasziniert, ist der streng logische Gedankengang, der alle Einwände, die gemacht werden können, aufgreift und zu entkräften versucht. Man spürt, dass hier jemand spricht oder schreibt, der selbst gerungen und den Weg vom radikalen Zweifel zum Glauben selbst zurückgelegt hat. So hat C. S. Lewis ein umfangreiches apologetisches Schrifttum hinterlassen: „Flucht aus Puritanien" (1933), „Über den Schmerz" (1940), „Dienstanweisung für einen Unterteufel" (1941), „Die Abschaffung des Menschen" (1944), „Wunder: möglich – wahrscheinlich – undenkbar?" (1947), „Das Gespräch mit Gott" (1956), „Was man Liebe nennt" (1960), „Über die Trauer" (1961), „Du fragst mich, wie ich bete" (1964).

Ab 1954 war Lewis Professor für mittelalterliche Literatur in Cambridge. Seine Liebe zum Mittelalter schlägt sich auch nieder in dem von ihm verfassten siebenteiligen Fantasy-Epos „Die Chroniken von Narnia" (1950–56). Auch als Autor von Science-Fiction-Romanen machte sich Lewis einen Namen.

1957 heiratete er die zum Christentum bekehrte Kommunistin Joy Davidman, die bald darauf an Krebs erkrankte und bereits 1960 verstarb. Er selbst starb am 22. November 1963 in Oxford.

C. S. Lewis gilt als meistgelesener christlicher Autor des 20. Jahrhunderts. Die folgenden Zitate entstammen alle seinem apologetischem Hauptwerk „Pardon, ich bin Christ“ (1943):

„Wenn wir in uns selbst ein Bedürfnis entdecken, das durch nichts in der Welt gestillt werden kann, dann können wir daraus schließen, dass wir für eine andere Welt erschaffen sind.“

„Die Wirklichkeit ist meistens ganz anders, als wir vermutet hätten. Das ist einer der Gründe, weshalb ich dem Christentum glaube. Es ist eine Religion, die man sich nicht hätte ausdenken können. Würde uns der christliche Glaube ein Weltbild vermitteln, das genau unseren Erwartungen entspricht, so würde ich ihn für menschliche Erfindung halten. Tatsächlich gehört er zu den Dingen, die man nicht hätte erfinden können.“

„Heute, jetzt in diesem Augenblick haben wir noch Gelegenheit zu wählen. Gott wartet; aber er wird nicht ewig warten. Wir müssen die Gelegenheit wahrnehmen.“

„Gute Menschen wissen um Gut und Böse, schlechte Menschen wissen von beidem nichts.“

„Gott ist der einzige Trost, und er ist zugleich auch der größte Schrecken: das Wesen, das wir am meisten brauchen und vor dem wir uns am meisten verbergen möchten.“

„Gott hat für intellektuelle Drückeberger genauso wenig übrig wie für alle anderen Drückeberger. Wer Christ werden will, der sei gewarnt. Er lässt sich damit auf etwas ein, was den ganzen Menschen fordert, seinen Verstand und alles andere.“

Der Dandy und Apologet

Jules A. Barbey d'Aurevilly

Kann ein Mann ernst genommen werden, der ausgefallene Gehröcke mit taillierter Weste trägt sowie mit rotem Samt gefütterte Schäferumhänge? Eine solche Kleidung – oder sollte man besser von Kostümierung sprechen? – war selbst im 19. Jahrhundert eine Extravaganz, die den Träger meist der Lächerlichkeit preisgab. Daher hat sich Jules Amedée Barbey d´ Aurevilly (1808–1889) zeitlebens schwergetan, in manchen Kreisen als ernst zu nehmender Schriftsteller anerkannt zu werden.

Heute genießt der Romanschriftsteller und katholische Apologet zumindest in Frankreich große Wertschätzung. Zu seinem 200. Geburtstag am 2. November wurden seine Werke neu aufgelegt. Das seit Dezember 2007 geschlossene Barbey-Museum in seiner Geburtsstadt Saint-Sauveur-le-Vicomte hat im Juni 2008 seine Pforten wieder geöffnet und kann jetzt mit einer ausführlichen Präsentation von Barbeys Leben aufwarten. Allein in Deutschland ist dieser erste Vertreter des katholischen Romans bislang nahezu unbekannt geblieben.

Barbey d' Aurevilly pflegte zwar die elitäre, stoische und ästhetisierende Lebenshaltung des Dandys und wollte damit seinen Protest gegen die verbürgerlichte viktorianische Gesellschaft zum Ausdruck bringen. Doch während für viele Dandys der Müßiggang und das Vergnügen den einzigen Lebensinhalt bildeten, führte Barbey im Habitus des Dandys ein arbeitsreiches Leben. Aus niederem Adel stammend und durch eine Erbschaft zu Vermögen gekommen, konnte er neben dem Beruf des Schriftstellers und Journalisten auf einen Brotberuf verzichten. Nach einer Freundschaft mit Charles Baudelaire und einem kurzzeitigen Schwärmen für satanischen Mystizismus wandte er sich dem katholischen Glauben zu und wurde 1848 Chefredakteur der *Revue du monde catholique*. Er liebte den geistigen Kampf und verfasste christliche Apologien, aber auch scharfe Polemiken gegen sämtliche Fortschrittsgläubigkeit. 1861 gibt er im Vorwort seines Romans „Eine alte Mätresse“ eine Definition des katholischen Romans. Er solle das Gute und das Böse, die Moral wie die Unmoral aufzeigen und den Kampf zwischen beiden beschreiben.

Ihm wurde später immer wieder der Vorwurf gemacht, das Böse sei in seinen Werken mit allzu großer Faszination geschildert. Dennoch hat er die Gattung des katholischen Romans geschaffen und die meisten seiner Vertreter maßgeblich beeinflusst. Aus dem Schülerkreis, den er um sich scharte, gingen bedeutende Schriftsteller hervor, so zum Beispiel Paul Bourget, Joris-Karl Huysmans und Léon Bloy. Letzterer fand durch ihn zum katholischen Glauben und war mehrere Jahre lang sein Sekretär. Auch für Honoré de Balzac und Georges Bernanos war Barbey das literarische Vorbild. Bernanos hat seinen Roman „Der Abtrünnige" ganz in Anlehnung an Barbeys Roman „Ein verheirateter Priester" konzipiert. Dieser Roman handelt von einem katholischen Priester, der zur Zeit der Französischen Revolution seinen Glauben verliert. Er heiratet und wendet sich ganz den Naturwissenschaften zu. Doch seine schwerkranke Tochter entdeckt für sich den christlichen Glauben.

Als Barbeys Hauptwerk gilt jedoch die Novellensammlung „Diabolische Geschichten". In einem fortschrittsgläubigen Zeitalter nimmt Barbey die Gegenwart Gottes wie auch jene des Teufels radikal ernst.

Dennoch ist Barbey nie den leichten Weg gegangen. Nicht nur durch seine Kleidung, sondern auch durch seinen angriffslustigen Schreibstil hat er sich viele Gegner gemacht. Er war in seinen Schriften zwar immer geistreich und originell, aber doch vor allem ein Mann mit Ecken und Kanten. Seine Devise lautete: „Bücher muss man mit Büchern bekämpfen wie Gifte mit Gegengiften; würde unsereins sonst schreiben?" Während viele Menschen der Gefahr erliegen, um nicht anzuecken jedes Profil zu verlieren, blieb Barbey zeitlebens ein unbequemer Kämpfer, der gegen den Strom schwimmt und dem daher große Bedeutung als Korrektiv zukommt. Seine Angriffe auf die moderne Zeit mit ihrem egalitären Denken sind auch heute noch aktuell.

Ebenso lesenswert ist, was der von Joseph de Maistre beeinflusste Autor über die katholische Kirche schreibt. Barbey, dessen Bruder Priester war, stellt bei jeder Gelegenheit deren übernatürlichen Charakter heraus. Auch wenn er bei seinen verbalen Attacken oft sehr scharf wird, verliert er doch nie seine Noblesse. Anatol France schreibt in seinem Nachruf auf Barbey: „Seine Bizarrerien waren nie gemein. Er war exzentrisch und hatte doch ein ausgeglichenes Naturell ... Er betonte bei jeder Gelegenheit seinen Glauben." Und als sein Schüler Joris-Karl Huysmans seinen Roman „Tief unten" veröffentlichte, in dem er auch satanistische Praktiken beschreibt, reagiert Barbey mit den Worten: „Nach einem solchen Buch bleibt dem Verfasser nur noch die Wahl zwischen der Mündung einer Pistole und den Füßen des Kreuzes."

Stilistisch ist Barbey ein Vertreter der Romantik. So steht bei ihm die Liebe zur Kunst und zum Schönen stets im Vordergrund. Daneben tritt jedoch immer die Liebe zum moralisch Schönen. Dazu gebraucht er eindrucksvolle Wortbilder, gepaart mit strenger Logik. All das ist es, was seiner Sprache solche Faszination verleiht. Er selbst attestiert sich „eine fast metallische Sprache, da sie einen so prächtigen Widerhall erzeuge". Die Meister der Schriftsteller sind für ihn die Akrobaten und Clowns des Zirkus. „Sie beobachten, heißt schreiben lernen!"

Barbeys Kritiker warfen seinen Werken oft eine gewisse Ambivalenz vor. Auch wenn er einen kämpferisch-katholischen Standpunkt einnimmt, lässt er doch das Böse seltsam faszinierend erscheinen. Tatsächlich kann er für das eindeutig Böse noch eher Verständnis aufbringen als für die Unentschlossenheit und moralische Laxheit. Allerdings ist sein Einsatz für den christlichen Glauben nie bloßes Lippenbekenntnis, sondern auch durch die eigene Lebensführung nach seiner Bekehrung bezeugt. Paul Bourget schreibt dazu: „Ich begreife kaum, dass die Kritik auch nur einen Augenblick an der Aufrichtigkeit seines Katholizismus zweifeln konnte." Er bescheinigt ihm ebenso bei aller Eigenwilligkeit der Gedanken „eine solide theologische Fundierung".

Jules Barbey d'Aurevilly bleibt als katholischer Romancier und Apologet ein lesenswerter Autor. Der Verlag Matthes und Seitz hat anlässlich des 200. Geburtstags dieses großen Schriftstellers mehrere seiner Werke neu aufgelegt beziehungsweise in deutscher Erstübersetzung vorgelegt. Der katholische Roman ist noch lang nicht tot.

In den Fängen des Okkultismus

Joris-Karl Huysmans

In der heutigen Jugendszene ist der Okkultismus durchaus en vogue und auch die Mystik steht wieder hoch im Kurs. Ob solche mystischen Erfahrungen nun im christlichen Bereich gemacht werden oder gar im satanistischen Umfeld, scheint manchmal gar keine Rolle zu spielen. Ein Schriftsteller wie Joris-Karl Huysmans ist daher heute wieder hochaktuell. Er hatte nicht nur eine sehr starke mystische Ader; er hat in seinem Leben auch alle Höhen und Tiefen selbst durchlebt.

„Oh dieser kotige Brei, barmherziger Gott! – Ist es noch zu glauben, dass dieses neunzehnte Jahrhundert sich noch selbst erhebt und umschmeichelt? Es führt ein einziges Wort im Munde: Fortschritt. Wer schreitet fort? Es hat doch nichts von Belang erfunden ... Nein, was es erfunden hat, dieses Jahrhundert, das ist Nahrungsmittelfälschung und spitzfindige Maskierung der Erzeugnisse." Derjenige, der so über seine eigene Zeit urteilte, war ein sehr sensibler Mensch und der Sohn einer bedeutenden niederländischen Malerfamilie. Er wurde am 5. Februar 1848 in Paris geboren und kam noch dem Tod seines Vaters und der Wiederverheiratung seiner Mutter in ein Knabeninternat. Nach einem Jurastudium fand er eine Anstellung im Innenministerium.

Joris-Karl Huysmans war ein echter Ästhet. Die Welt, in der er lebte, widerte ihn an und er sah in allem Hässlichen eine Beleidigung Gottes. So entdeckte er das Schreiben als eine Möglichkeit, der Realität zu entfliehen. Nach kurzem Liebäugeln mit dem Naturalismus um Emile Zola wandte er sich einem künstlichen Ästhetizismus zu. Sein Roman „A rebours" („Gegen den Strich"; Neuübersetzung „Gegen alle") gilt noch heute als Meisterwerk. Das Erscheinen dieses Romans 1884 „löste Staunen und Wut aus", wie Huysmans in seinem Vorwort „Zwanzig Jahre danach" schrieb. Arthur Symons bezeichnete das Buch als „Bibel der Dekadenz" und Jules Barbey d´ Aurevilly urteilte: „Gegen den gesunden Menschenverstand, gegen die moralischen Ansichten, gegen die Vernunft; wie ein scharfes, vergiftetes Messer rasiert es die abgeschmackten und gottlosen Plattitüden der zeitgenössischen Literatur weg. Und obendrein, leider Gottes, mit Talent! Das dekadenteste, das wir unter die dekadenten Bücher dieses Jahrhunderts zählen können." Und ferner meinte Barbey: „Nach einem solchen Buch bleibt dem Verfasser nur noch die Wahl zwischen der Mündung einer Pistole und den Füßen des Kreuzes."

Protagonist des Romans ist Jean Floressas des Esseintes, ein alter ego von Huysmans selbst, der vor der Trivialität und Banalität seiner bürgerlichen Welt flieht und sich in ein abgelegenes Haus mit zwei alten Dienern zurückzieht. Dort pflegt er seinen Ästhetizismus im Hinblick auf die farbliche Ausgestaltung der Wohnung, die Auswahl der Möbel, der Blumen, der Bücher. Düfte faszinieren ihn ebenso wie eine Schildkröte, deren Panzer er mit Gold überziehen lässt. Doch des Esseintes Flucht gelingt nicht. Schlimme Albträume quälen ihn und seine Neurosen werden immer stärker. Er ist ein Gottsucher und dennoch zweifelt er. Am Ende des Romans beginnt er zu beten: „Ach! Mir fehlt der Mut; und der Ekel schüttelt mich! Herr, erbarme dich eines Christen, der zweifelt, eines Ungläubigen, der glauben möchte."

Doch Huysmans findet noch nicht zur Kirche zurück. Durch seine Beziehung mit Henriette Maillard gerät er in okkultistische Kreise, die selbst vor satanistischen Praktiken nicht zurückschrecken. Auf dem Gipfel dieser Entwicklung erscheint 1891 Huysmans' Roman „Là-bas" („Tief unten"). Hauptperson ist hier wie auch in den folgenden Romanen der Schriftsteller Durtal, der starke autobiografische Züge trägt.

Viele hielten diesen Roman für satanistisch und an seiner Veröffentlichung zerbrach auch Huysmans´ Freundschaft mit Léon Bloy. Später schrieb Huysmans selbst über diesen Roman: „Die Dokumente des Buches sind im Vergleich zu denen, die ich ausgelassen habe und in meinen Archiven besitze, recht abgeschmacktes Zuckerzeug, recht alltägliche Leckerbissen." Ebenso bekennt er aber auch, dass dieser Roman dazu beitrug, „den hassenswerten Praktiken der Magie den Boden zu entziehen, indem er sie enthüllte".

Paul Valéry charakterisiert Huysmans mit den Worten: „Er war ... höchst empfänglich für alle Schrecken, die bei menschlichen Wesen überhaupt vorstellbar sind ... Er witterte in allen Begebenheiten auf Erden Schmutz, Hexerei und Schändlichkeiten; und vielleicht hatte er sogar recht.“

Unmittelbar nach dem Erscheinen von „Là-bas“ wandte sich Joris-Karl Huysmans von seinem Irrweg ab und fand zur vollen Wahrheit des katholischen Glaubens. Im Juli 1892 begab er sich in das Trappistenkloster Notre-Dame d´Isny. Seine letzten Lebensjahre verbrachte er als Laienbruder im Benediktinerkloster Ligugé, wo er weitere Romane schreibt, die tief vom katholischen Glauben geprägt sind: „En route“ („Unterwegs“, 1895), „La cathédrale“ („Die Kathedrale“, 1898), „L´Oblat“ (1903) und „Les Foules de Lourdes“ (1906). In diesen Werken zeigt sich Huysmans auch als ein tiefer Mystiker. Sie sind äußerlich handlungsarm, bieten aber eine ausführliche Darstellung des Seelenlebens. Durch die Beschäftigung mit religiöser Kunst, kirchlicher Architektur, sakraler Musik und monastischer Liturgie dringt Huysmans immer stärker zum Wesen des Glaubens vor. Viele Leser haben sich hierbei von Huysmans mitreißen lassen. Insbesondere „En route“ und „La cathédrale“ bewirkten zahlreiche Konversionen.

Es muss den Ästheten Joris-Karl Huysmans dann schwer getroffen haben, als in den letzten Monaten seines Lebens sein ganzes Gesicht vom Krebs verunstaltet war. Da bekam seine Mystik auch eine leibliche Dimension. Huysmans, der seine Krankheit in Geduld und beharrlichem Glauben annahm, durfte seinem Herrn Jesus Christus dann auch im Leiden nachfolgen. Er starb am 12. Mai 1907 in Paris.

Der katholische Glaube war für Huysmans in seinem 58-jährigen Leben die Endstation einer langen Reise: vom Naturalismus über den Ästhetizismus und den Okkultismus einschließlich Satanismus. Schließlich fand er Trost und Halt im Schoß der Kirche. Denn nie hat er nachgelassen, nach der Wahrheit zu suchen und Wege, die er einmal als falsch erkannte, zu verlassen.

Der Unruhestifter

Léon Bloy

Er nannte sich selbst Pilger des Absoluten, undankbarer Bettler, Abbruchunternehmer, der Arme, der Einsame oder der Alte vom Berg. Der französische Romancier, religiöse Essayist und Pamphletist Léon Bloy (1846–1917) hatte großen Einfluss auf Schriftsteller wie Bernanos, Claudel und Mauriac. Dennoch blieb er in Deutschland weitgehend unbekannt. Hans-Urs von Balthasar machte ihn im katholischen Milieu ein wenig bekannt; Carl Schmitt und Ernst Jünger und in deren Gefolge auch Gertrud Fussenegger (ihr Roman „Zeit des Raben – Zeit der Taube“ aus dem Jahr 1960 erzählt das Leben Léon Bloys) ließen seinen Namen dann in die Literatur einfließen.

Am 11. Juli 1846 wurde Bloy in Périgueux geboren. Seine Mutter war eine fromme Katholikin, sein Vater ein Freidenker. Vergeblich versuchte er sich als Maler und Schriftsteller. Er verlor seinen Glauben und arbeitete als Büroangestellter in Paris.

Als er dort den Schriftsteller Barbey d'Aurevilly kennenlernte, fand er in ihm einen Förderer und Lehrmeister für sein literarisches Schaffen. Barbey beschäftigte ihn auch zeitweise als seinen Sekretär. Ebenso gelang es dem glühenden Katholiken aber auch, Bloy 1969 wieder zum katholischen Glauben zu bekehren. Ab diesem Zeitpunkt besuchte Léon Bloy täglich die heilige Messe und wurde zu einem der temperamentvollsten Verteidiger des katholischen Glaubens. Gegen die Sattheit eines verbürgerlichten Christentums fand er harte Worte. Er wollte aufwecken und Unruhe stiften. Sein Ideal war die Urkirche mit konsequenter Nachfolge Christi und radikal gelebter Armut. Er sah sich als Nachfolger der biblischen Propheten, die ihre Warnungen und Mahnungen dem Volk verkünden mussten – ob dieses nun hören wollte oder nicht.

Er pflegte Freundschaft mit Joris-Karl Huysmans, Ernest Hello, Paul Bourget und Phillippe Auguste Villiers de l'Isle Adam. Für Jacques Maritain und seine Ehefrau Raissa wurde er zum Wegbereiter ihrer Konversion.

1877 machte er die Bekanntschaft von Abbé Tardif de Moidrey, der ihn mit den Botschaften der Marienerscheinungen in La Salette bekannt machte, die für Bloys Spiritualität bald zentrale Bedeutung erlangen sollten. Dies nicht nur, weil sie in seinem Geburtsjahr stattfanden, sondern auch, weil sie das zentrale Thema seines Lebens ansprachen. In La Salette weinte die Gottesmutter über die Sünden der Menschen und rief auf zu Gebet, Buße und Umkehr. Hier sah Bloy auch den Sinn des Elends, das in seinem eigenen Leben so dominierend präsent war.

Bloy spricht in seinen Werken wiederholt von der „Abwesenheit Gottes". Die Welt, in der Bloy lebte und die er in seinen Romanen beschrieb, ist so sehr von Armut, Leid und Sünde geprägt, dass die Gegenwart Gottes für den Menschen nicht mehr erfahrbar ist. Erst durch das Mitleiden mit Christus kann er seinem Leben einen Sinn geben.

Diese Thematik ist auch die vorherrschende in seinen Briefen. Der schriftstellerische Erfolg blieb Léon Bloy zeitlebens versagt. So hatte er kontinuierlich gegen Hunger und Armut zu kämpfen. Dazu kamen private Schicksalsschläge. Er bekehrte die Prostituierte Anne-Marie Roulet, die dann allerdings dem Wahn verfiel. Eine Affäre mit Berthe Dumont endete bald durch deren plötzlichen Tod. 1890 heiratete er die Dänin Jeanne Molbeck, die er ebenfalls für den katholischen Glauben gewinnen konnte. Sie gebar ihm zwei Söhne, die beide nur wenige Monate alt wurden. Zwei Töchter überlebten.

Bei allem Elend, das Bloy erlebte, war der Glaube der Kirche sein einziger Halt. Nur ein entschiedener Glaube, so betonte er, vermag seine Kraft zu entfalten. Unermüdlich kämpfte Léon Bloy gegen die Lauheit im Glauben und betonte die Absolutheit Gottes und seiner Gebote. Er war schon damals ein Kämpfer gegen den Relativismus.

Eine Anerkennung für sein schriftstellerisches Werk blieb ihm zu Lebzeiten verwehrt und bis heute wurde dieser wortgewaltige Denker erst von wenigen entdeckt. Seine gewaltsame Sprache hat zwar manche abgeschreckt, doch ist sie bewusst apokalyptisch und behält gerade dadurch ihre Aktualität. Die bekanntesten Werke von Léon Bloy sind: „Le désespéré" („Der Verzweifelte", 1897), „La femme pauvre" („Die Armut und die Gier", 1897), „Le sang du Pauvre" („Das

Blut der Armen", 1909), „L´ame de Napoléon" („Die Seele Napoleons", 1912), „Jeanne d´Arc et l´Allemagne" („Jeanne d´Arc und Deutschland", 1915).

Eine sehr kontroverse Rezeption fand sein Essay „Le salut par les juifs" („Das Heil durch die Juden", 1892), das von einigen für antisemitisch gehalten wurde, von dem aber beispielsweise Franz Kafka sagte: „Ich kenne von Léon Bloy ein Buch gegen den Antisemitismus: Le salut par les juifs. Die Juden werden hier von einem Christen – wie ärmere Verwandte – in Schutz genommen. Es ist sehr interessant. Und dann – Bloy kann schimpfen. Das ist etwas ganz Außergewöhnliches. Bloy besitzt ein Feuer, das an die Glut der Propheten erinnert. Was sage ich: Bloy schimpft viel besser. Das ist leicht erklärlich, da sein Feuer von allem Mist der modernen Zeit genährt wird."

Viele Aussprüche Léon Bloys erfreuen sich als Aphorismen großer Beliebtheit. Hier einige Beispiele:

„Es gibt nichts Wahres außer das Absolute."

„Je näher man Gott kommt, desto einsamer ist man. Es ist die Unendlichkeit des Alleinseins."

„Die Weltgeschichte ist ein einziger Schmerzensschrei durch alle Jahrhunderte."

„Das Wort Gottes ist grenzenlos, unbedingt, in jeder Hinsicht unwiderruflich, vor allem sich unerhört wiederholend, denn Gott kann nur von sich selber reden."

„Meine Zornesausbrüche sind nur der bloße, seltsam gedämpfte Widerhall einer höheren, beschwörenden Bitte, die ertönen zu lassen ich die erstaunliche, gnadenlose Verpflichtung habe."

„Um nicht in den Verdacht des Fanatismus zu geraten, haben sich die modernen Prediger etwas ausgedacht, was sie mit Bescheidenheit das Wort Gottes nennen. Es besteht darin, stundenlang zu salbadern und sich mit vollendeter Geschicklichkeit um das Ja und Nein herumzudrücken."

„Der Dienst Gottes ist hart. Nur Heuchler werden Sie des Gegenteils versichern. Mir selbst hat er zwanzig Jahre Folter gekostet, der vollendeten Schande und des Todes zweier meiner Kinder, durch das grimmigste Elend vor meinen Augen umgebracht. Dennoch will ich mich nicht beklagen. Leiden ist eine unendlich kostbare Gnade, deren nicht alle Welt würdig ist."

„Es gibt keine andere Traurigkeit als die, kein Heiliger zu sein."

„Erst an dem Tage, an dem ich endgültig und fest entschlossen jedes Vergnügen gegen die Freude eingetauscht haben werde, werde ich ganz glücklich, werde ich in Wahrheit ein Seliger sein."

Der Einbruch der Gnade

Paul Claudel

Die Bekehrung Paul Claudels (1868–1955) ist geradezu eine Blitzkonversion. Im Gegensatz zu manchen gewachsenen Bekehrungen, bei denen über Jahre hinweg ein geistliches Suchen und Forschen stattfand, bricht hier die Gnade Gottes – ähnlich wie bei Paulus, Augustinus oder Pascal – überfallartig auf den Menschen herein. Hier zeigt sich, dass der Mensch nicht nur ein Gottsucher ist, sondern auch ein von Gott Gesuchter, den sein Ruf unverhofft, unerwartet und unverdient ereilt. Der Bekehrte kann sich keines Verdienstes rühmen; er kann nur Gott danken.

Claudel, der von Gott Erwählte, ist bis dahin ein jugendlicher Skeptiker, der wie viele andere Gebildete seiner Zeit einem mechanistischen Weltbild verfallen war. „Mit achtzehn Jahren glaubte ich, was die sogenannten Gebildeten jener Zeit glaubten ... Ich glaubte, alles sei den Gesetzen unterworfen, und die Welt sei eine starre Verkettung von Ursachen und Wirkungen, welche die Wissenschaft übermorgen aufgeklärt haben würde."

Am 25. Dezember 1886 besuchte er in der Kathedrale Notre-Dame die Weihnachtsmesse und am Nachmittag, „da ich nichts Besseres zu tun hatte", die Weihnachtsvesper, wo er sich auch Anregung für seine ersten schriftstellerischen Versuche holen wollte. Dort ist es dann passiert, als die Sängerknaben den Gesang des Magnificat anstimmten: „Ich selbst stand unter der Menge in der Nähe des zweiten Pfeilers am Choranfang, rechts auf der Seite der Sakristei. Da nun vollzog sich das Ereignis, das für mein ganzes Leben bestimmend sein sollte. In einem Nu wurde mein Herz ergriffen, ich glaubte. Ich glaubte mit einer so mächtigen inneren Zustimmung, mein ganzes Sein wurde geradezu gewaltsam emporgerissen, ich glaubte mit einer so starken Überzeugung, mit solch unbeschreiblicher Gewissheit, dass keinerlei Platz auch nur für den leisesten Zweifel offen blieb, dass von diesem Tage an alle Bücher, alles Klügeln, alle Zufälle eines bewegten Lebens meinen Glauben nicht zu erschüttern, ja auch nur anzutasten vermochten."

Dennoch folgten nach diesem Ereignis vier Jahre des Ringens, in denen sich Claudel mit seinem Intellekt dem Einbrechen Gottes in seine Welt zu widersetzen versuchte. Schließlich musste er erkennen: „Ja, Jesus ist der Sohn Gottes. An mich, an Paul, hatte er sich unter allen gewandt, mir versprach er seine Liebe. Aber gleichzeitig ließ er mir, sofern ich ihm nicht zu folgen bereit war, keine andere Wahl als die Verdammung."

Paul Claudel verspürte einen inneren Zwang, dem er schließlich nachgab. Dabei war ihm auch die Lektüre der Bibel, die er noch am Abend seines Bekehrungserlebnisses begann, sehr hilfreich – zumal Claudel keine katholischen Freunde besaß. Exakt vier Jahre später, am 25. Dezember 1890, legte er die Beichte ab und empfing wieder die heilige Kommunion. Von jenem Tag an sah er sich nicht nur als Schriftsteller und Diplomat im Dienst des französischen Staates, sondern als Missionar, der alle Menschen zu Christus führen wollte.

So litt er sehr darunter, dass der protestantische Schriftsteller André Gide (1869–1951), mit dem ihn eine enge Freundschaft verband und mit dem er von 1893 bis 1938 in regem Briefwechsel stand, nie den entscheidenden Schritt der Konversion vollzog. In seinem überschwänglichen Bekehrungseifer hat Claudel hier wohl oftmals über das Ziel hinaus geschossen, sodass Gide schreiben konnte: „Claudel gegenüber fühle ich nur meine Mängel; er beherrscht mich; er hängt drohend über mir; er hat mehr Basis und mehr Oberfläche, mehr Gesundheit, Geld, Genie, Macht, Kinder, Glaube usw. als ich. Mein einziger Gedanke ist, klein beizugeben." Er wirft ihm sogar vor, „mit den Schlägen der Monstranz" die Literatur zu vernichten, was freilich niemals Claudels Absicht war. Im Gegenteil: Er wollte die Literatur durch den Glauben bereichern. Denn er wusste, dass jener, dem die Gnade Gottes zuteilwurde, auch verpflichtet ist, davon Zeugnis abzulegen.

Den Bericht über seine Bekehrung „Ma conversion" schrieb er allerdings erst 1909 nieder und veröffentlichte ihn gar erst 1913, also 27 Jahre nach dem Ereignis. Den Grund für sein langes Schweigen nennt er selbst: „Im Grunde war es die Scheu vor den Mitmenschen, die mich am stärksten daran hinderte, meine Überzeugungen offen zu bekennen. Der Gedanke, vor aller Welt meine Bekehrung zu bekennen, meinen Eltern zu sagen, dass ich freitags fasten wolle, mich selbst als einen jener vielverspotteten Katholiken zu proklamieren, verursachte mir kalten Schweiß." Aber Claudel wusste, „dass es für eine große Zahl von Menschen, die man für gleichgültig hielt, eine Ursache tiefer Leiden ist, Gott zu entbehren. Es ist ein entsetzliches Unglück, wenn man sie so Hungers sterben lässt, da es doch Brot gibt für alle." Damit meinte Claudel das eucharistische Brot, die katholische Kommunion.

Paul Claudel verfasste bedeutende katholische Theaterstücke, die meist den Sinn des Opfers zum Inhalt haben. Seine Hauptwerke sind „L'annonce faite à Marie" (Mariä Verkündigung, 1911/12) und „Le soulier de satin" (Der seidene Schuh, 1925). 1946 wurde Claudel in die *Académie francaise* aufgenommen.

1949 hat er sein Essay mit dem Titel „Über die Heilige Schrift" vorgelegt, der seine Gedanken zur Bibelauslegung, die ihn zeitlebens stark beschäftigte, zusammenfasst. Ihm lag vor allem eine allegorische und mystische Bibelauslegung in der Tradition der frühchristlichen Theologen am Herzen.

Bei all seinem Schreiben sah er sich stets zu höchster Qualität verpflichtet: „Die literarische Schönheit meines Werkes hat für mich keine andere Bedeutung, als die ein Handwerker finden könnte, der sich bewusst ist, dass er seine Sache gut gemacht hat; ich habe ganz einfach mein Bestes getan; aber als Zimmermann hätte ich mich ebenso gewissenhaft bemüht, ein Brett gut zu hobeln, wie als Schriftsteller gut zu schreiben."

Weitere Zitate von Paul Claudel:

„Die Wahrheit hat nichts zu tun mit der Zahl der Leute, die von ihr überzeugt sind."

„Die Schrift hat das Geheimnisvolle, dass sie redet."

„Der Glaube hat nicht nur den Sinn, sondern auch die Freude in die Welt gebracht."

„Auch aus einem abgestorbenen Baum wird noch ein tüchtiger Balken."

Das Haus in Meudon

Jacques Maritain

Auffallend viele Konversionen ereigneten sich im ausgehenden 19. und beginnenden 20. Jahrhundert. Dies hängt zusammen mit der literarischen Strömung des *Renouveau catholique*, die von Frankreich ausgehend das ganze westliche Europa erfasste.

Seit der Aufklärung und der französischen Revolution verlor die Kirche mehr und mehr an gesellschaftlichem Einfluss. Daran schloss sich für die Kirche ein Vasallendasein unter Napoleon an. Die Restauration brachte zwar ein Aufblühen kirchlicher Frömmigkeit mit sich, jedoch blieb die Kirche weiterhin dem Staat untergeordnet. Bekennende Katholiken, die sich wehrten gegen einen Rückzug der Kirche ins Ghetto, formierten sich unter der Führung von Charles Maurras und Maurice Barrès in der neomonarchistischen Bewegung „Action francaise", die jedoch immer militanter auftrat und schließlich 1926 von Papst Pius XI. verurteilt wurde.

Der *Renouveau catholique*, der schon in Chateaubriand, Montalembert und Barbey d'Aurevilly seine ersten Vorläufer hatte, benannte sich nach der im Jahr 1919 erschienenen programmatischen Schrift von Louis Rouzic „Le renouveau catholique", wo dieser von einem „Apostolat des Wortes und der Feder" spricht. Und erreichte ihren Höhepunkt in der Zeit zwischen den beiden Weltkriegen. Es war eine Aufbruchbewegung, die versuchte, explizit katholisches Gedankengut in die Literatur und Philosophie zu tragen. Religiöse Literatur sollte nicht länger reduziert werden auf moralische Erbauung, sondern die Sünde, die Gnade und die Mystik bekamen jetzt eine zentrale Rolle.

Die Vertreter des *Renouveau catholique* waren meist formelle Konvertiten oder hatten eine innere Bekehrung durchgemacht. Sie verstanden sich als geistliche Elite und fanden vor allem im Milieu der Intellektuellen, aber auch bei der jungen Generation große Aufmerksamkeit. Herausragende Gestalten des Renouveau catholique waren Léon Bloy, Paul Claudel, Charles Péguy, Francis Jammes, Julien Green, Georges Bernanos, Paul Bourget und Jacques Maritain. Sie pflegten untereinander nicht nur Briefkontakt, sondern trafen sich auch an geistlichen Zentren wie dem Kloster Ligugé oder in den Kirchen Sacré-Coeur, Notre-Dame oder Saint Sulpice. Diese Schriftsteller einte eine große Liebe zur Liturgie und zur heiligen Eucharistie.

Ein wichtiges Zentrum der Bewegung, das auch als Treffpunkt fungierte, war das Haus der Familie Maritain in Meudon, das auch über eine Hauskapelle verfügte.

Jacques Maritain (1882–1973), der im Alter von zwei Jahren seinen Vater verloren hatte, wuchs in einer liberal-protestantischen Familie auf, erkannte aber im Jugendalter, dass deren Frömmigkeit nur Fassade war. Zeitweise fühlte er sich vom Jansenismus angezogen, dessen Strenge ihn beeindruckte. Allerdings sah er recht bald auch dessen Gefahren und begeisterte sich daraufhin für den Sozialkatholizismus und dessen Bewegung Sillon. Wenn er auch später zum Sillon auf Distanz ging, blieb doch seine Begeisterung für die Arbeiterpriester erhalten. 1906 wurde er in die katholische Kirche aufgenommen, Paten waren seine Frau Raissa und Léon Bloy. Später bezeichnete sich Maritain selbst als „ein Konvertit, ein Mensch, den Gott wie einen Handschuh umgedreht hat".

Maritain war Philosoph und hat die moderne Philosophie grundlegend beeinflusst. Er begann als Schüler Henri Bergsons, wandte sich aber zur Zeit seiner Konversion von Bergson ab, als er dessen antiintellektuellen Ansatz durchschaute. Nach einem kurzzeitigen Biologiestudium in Heidelberg begann er 1910 mit der Lektüre der *Summa theologica* des Thomas von Aquin, jenem Werk, das Jahrhunderte lang als Standardwerk der Theologen galt. Im Thomismus fand er eine metaphysische Waffe gegen den Modernismus und Liberalismus. Seine philosophischen Werke vertreten eine moderne Anthropologie mit einem von Freiheit und Liebe dominierten Personenbegriff, in den auch die Erkenntnisse der modernen Psychologie Eingang fanden.

Alle seine Bücher sind geprägt von einer tiefen religiösen Überzeugung, die der Autor weitergibt. Seine Romane, unter denen vor allem „Die schwarzen Engel" (1935) eine Erwähnung verdient, zeichnen sich durch einen psychologischen Tiefgang aus, der an Dostojewski erinnert. Die menschlichen Abgründe werden ebenso beschrieben wie die übernatürliche Dimension der Gnade Gottes. 1936 verfasste er ein Buch mit dem Titel „Leben Jesu", in dem er ein weitverbreitetes verniedlichtes Jesusbild korrigierte und damit großen Erfolg hatte. Schon 1933 wurde Maritain in die *Académie francaise* aufgenommen und 1952 erhielt er den Nobelpreis für Literatur..

Der Tod seiner Frau Raissa im Jahr 1960 hatte ihn schwer getroffen. Eine neue geistige Heimat fand er dann ab dem folgenden Jahr bei den „Kleinen Brüdern von Charles de Foucauld" in Toulouse. 1961 wurde Jacques Maritain auch der „Grand Prix de Litérature" verliehen. Eine persönliche Beziehung pflegte Jacques Maritain vor allem zu Papst Paul VI., aber auch zu Johannes Paul II., der Maritain „neben die Meister der antiken Philosophie" stellte. Papst Benedikt XVI. erklärte, dass er in seiner Studentenzeit mit Vorliebe die französischen Schriftsteller Claudel, Bernanos und Mauriac gelesen hat.

Große Erwartungen setzte Maritain in das Zweite Vatikanische Konzil (1962–1965), von dem er sich eine Erneuerung des Glaubenslebens erhoffte. Umso enttäuschter zeigte er sich dann nach Konzilsende, als er sah, welche Verwirrung um sich griff. Die nachkonziliare Entwicklung war auch folgenreich für die Konversionen, die daraufhin schlagartig zurückgingen. Gerade mit der schwindenden Bedeutung des Thomismus, dessen letzter großer Vertreter Mauriac war, verlor die Kirche für viele ihr klares Profil und damit auch ihre Anziehungskraft.

Der Philosoph Étienne Gilsen urteilte über seinen Zeitgenossen und Berufskollegen: „Maritain ist der einzige Thomist unserer Tage, dessen Denken sich bewahrheitet hat als hochstehend, kühn, kreativ und fähig, sich mit den drängendsten Problemen auseinanderzusetzen."

Der Anarchist und Gottsucher

Hugo Ball

Weit verbreitet ist das Vorurteil, Fortschrittlichkeit oder gar Avantgarde stünde im Gegensatz zu katholischem Glauben. Doch wenn ein Mann wie Hugo Ball, der stets an vorderster Front der Moderne stand, nach langen Umwegen ein überzeugter Katholik wird, dann kann man das auch so interpretieren, dass die katholische Kirche die Spitze der Moderne darstellt.

Bekannt wurde Hugo Ball als Mitbegründer der avantgardistischen Dada-Bewegung. Er stand an vorderster Front der modernen Literatur in der Zeit während des Ersten Weltkriegs und in den Jahrzehnten danach. Seine äußerst experimentellen Texte – veröffentlicht unter den Titeln „Cabaret Voltaire", „Flametti oder Vom Dandysmus der Armen", „Tenderenda, der Phantast" – gingen mit radikalen Überzeugungen einher. In jungen Jahren schon hatte der 1886 in Pirmasens geborene Ball durch die Lektüre Friedrich Nietzsches und Michael Bakunins seinen christlichen Glauben verloren. Seither war er ernsthaft auf der Suche, wenn er auch zunächst zahlreiche Irrwege gehen musste.

Wie Hugo Ball literarisch die Hypermoderne präsentierte und stets das Extreme suchte, wandte er sich auch in religiöser Hinsicht jenen Strömungen zu, die gerade als „letzter Schrei" galten. Doch nirgendwo fand er letzte Befriedigung; so probierte er fast alles aus, was sich damals anbot: Neuheidentum, Satanismus, Gnostizismus, Futurismus und Anarchismus. Stets ging er bis zum Äußersten und wollte oft bewusst schockieren.

Eine innere Unruhe ist dem ganzen Leben Balls anzumerken. Der hagere Schriftsteller war von schwacher Konstitution und hatte zeitlebens um sein Auskommen zu kämpfen. Er versuchte sich als Redakteur verschiedener Zeitungen, als Lyriker und Romanautor, als Schauspieler und Regisseur, als Kabarettist und Veranstalter literarischer Soirées sowie als Teilinhaber einer Gemäldegalerie. Ferner schrieb er eine bis heute bedeutende Biografie Hermann Hesses, mit dem er befreundet war.

Sein Schwanken und Getriebensein fand erst ein Ende, als er die Dichterin Emmy Hennings kennenlernte, die schon 1911 vom Protestantismus zum Katholizismus übergetreten war. 1920 heirateten die beiden und noch im selben Jahr wandte sich Hugo Ball ebenfalls wieder der katholischen Kirche zu. Beide wohnten dann im idyllischen Tessin, zunächst in Agnuzzo, dann in San Abbondio. Schon 1917 schrieb er in einem Brief an Emmy Hennings: „Es ist etwas Schönes um die katholische Kirche. Sie ist wie eine ewige Mutter, die uns Eintagskinder in ihre Arme auffängt."

Bereits 1919 hat Ball einen Aufsatz mit dem Titel „Zur Kritik der deutschen Intelligenz" veröffentlicht, in dem er mit dem Protestantismus abrechnet. Er wirft diesem vor, über den „preußischen Gewaltstaat" zur weitgehenden Zerstörung von Moral und Religion beigetragen zu haben. Wieder zum katholischen Glauben zurückgefunden, veröffentlicht Ball 1923 eine Sammlung von Heiligenviten unter dem Titel „Byzantinisches Christentum". Mit der ihm stets eigenen Kompromisslosigkeit verteidigt er hier den katholischen Glauben und begeistert sich für die christliche Mystik in der Tradition der Wüstenväter, des Dionysius Areopagita und des heiligen Franz von Assisi. Hierüber urteilte Hermann Hesse, es sei „das schönste mir bekannte religiöse Buch, ein wunderbar durchleuchtetes Werk". Und der Jesuit Erich Przywara schrieb: „Es ist etwas Großes darum, wie Hugo Ball die ganze eherne Strenge ägyptischer und syrischer Mönchsaszese vor uns neu erstehen lässt und allem weichen Sensualismus und modischen Rationalismus gegenüber ein Ja sagt zu diesen Heroen der Selbstüberwindung. Und man muss es ihm danken, dass unter seinen Meisterhänden der viel umstrittene ‚Pseudo-Areopagit' ein ganz anderes Gesicht bekommen hat, das Gesicht eines zweiten Irenäus und Clemens Alexandrinus, der die zähesten Formen des Gnostizismus in positiver Arbeit überwand."

Sein Glaubenswandel, der konsequenterweise auch mit einem Lebenswandel einherging und aus dem Spötter und Gotteslästerer in den letzten seiner nur 41 Lebensjahre einen treuen Sohn der Kirche werden ließ, fand indes nicht überall Verständnis, geschweige denn

Zustimmung. Selbst seine engsten Freunde und bisherigen Weggefährten sahen in dem Anarchisten, der zum Hierarchisten geworden ist, einen Deserteur der Revolutionsbewegung. Doch auch den katholischen Intellektuellen blieb dieser geistige Weltenbummler mit rücksichtslosem religiösem Wahrheitsdrang in gleicher Weise fremd. So blieb Hugo Ball für immer ein Außenseiter, der von vielen zu Unrecht für einen Schwärmer oder religiösen Fanatiker gehalten wurde.

Nach einer erfolglos verlaufenen Operation wegen Magenkrebs starb er am 14. September 1927 in San Abbondio. Noch in seinem Todesjahr erschien seine Autobiografie mit dem Titel „Die Flucht aus der Zeit“, in der er auf Tagebuchaufzeichnungen aus den Jahren 1913 bis 1921 zurückgriff und durch die er dem Leser Einblicke in sein leidenschaftliches religiöses Suchen bietet. In faszinierender Weise greift er das Denken großer christlicher Denker wie Ignatius von Loyola, Thomas von Aquin, Novalis, Thomas von Kempen oder Léon Bloy auf und führt es weiter.

Balls christlicher Kampfgeist, aber auch seine tiefe Mystik und seine antimodernistische Einstellung finden sich in seinem gesamten Schrifttum deutlich ausgedrückt. So schreibt er:

„Der Fortschritt des Liberalismus ist nichts anderes als die sinistre Auswirkung der häretischen Prinzipien der Reformation. Dieser Fortschritt – die vielleicht größte Täuschung, der Europa überhaupt unterlegen ist – erstrebt die universale Beseitigung von Gesetz und Gewissen, und dort ist er, gerade in Deutschland, auch bereits angekommen.“

„Europa zerfällt, soweit es sich von der Kirche entfernt hat, in Intellekt und Vision. Insofern aber der Künstler als Visionär stets an ein Urbild gefesselt bleibt, streben die romantischen Geister aus dem Abfall zur Kirche zurück.“

„Die Autorität ist nur asketisch zu garantieren.“

„Die Theologie ist der Sammelpunkt aller Bestrebungen, die das Dasein lebenswert machen.“

„Im Übernatürlichen liegt jene Gemeinschaft beschlossen, der keine wie immer geartete feindliche Macht widersteht. In der Höhe der Kirche finden sich wiedergeboren die Kunst und das Leben.“

„Die christliche Dichtung erfordert Tradition, Gemeinde, Enthusiasmus, Jugend; erfordert Gleichklang und ein Getragensein vom Volksempfinden.“

„Der Schmerz ist der einzige zur Konversion notwendige Faktor, wenn er auch zur Konversion nicht genügt.“

„Betrachtet man die Evidenz und den Reichtum der Fakten, so kann man eigentlich nur von Konversionen zum Katholizismus sprechen.“

Die jüdische Lyrikerin Claire Goll zieht in ihren Memoiren folgendes Fazit: „Hugo Ball hatte etwas von einem Mönch, einem Tempelritter, der sich auf den Kreuzzug begab, um die Menschheit zu retten.“

Hymnen an die Kirche

Gertrud von Le Fort

Herr, es liegt ein Traum von dir in meiner Seele ...“ So beginnen die „Hymnen an die Kirche“ von Gertrud von Le Fort, ein Buch, das zahlreiche Konversionen bewirkt hat. Es ist aber auch selbst das Zeugnis einer Konversion. Denn seine Verfasserin hat zwei Jahre nach der Veröffentlichung dieses Buches im Jahr 1926 den Übertritt vom Protestantismus zum Katholizismus vollzogen.

Sie entstammte einem alten Adelsgeschlecht aus Savoyen und dem Piemont. Als Tochter eines Freiherrn und preußischen Offiziers wurde sie am 11. Oktober 1876 in Minden in Westfalen geboren. Die Familie wechselte oft den Wohnsitz und machte viele Reisen; zur Wahlheimat Gertruds entwickelte sich das Herrenhaus Boek am Müritzsee in Mecklenburg. Nach dem Abitur studierte sie Geschichte, Philosophie sowie protestantische Theologie bei dem bedeutenden Theologen Ernst Troeltsch. In den folgenden Jahren verstärkte sich die Suche nach ihrer konfessionellen Zugehörigkeit.

Da ihr Bruder ein engagierter Gegner des NS-Regimes war, wurde die Familie enteignet und von ihrem Grundbesitz vertrieben. Schon 1932 verfasste Gertrud von Le Fort ihre „Hymnen an Deutschland“, in denen sie ihrem Heimatland denselben Weg voraussagte, den auch Christus gehen musste: den Weg des Kreuzes. Ein theologisch tiefes Buch über die Rolle der Frau als Braut, Jungfrau und Mutter veröffentlichte sie im Jahr 1934. Dort beschäftigt sie sich mit der Symbolik der Geschlechter. Es trägt den Titel „Die ewige Frau“. In ihrem 1938 erschienenen Roman „Die Magdeburgische Hochzeit“ tritt sie ein für ein „christliches Heiliges Deutsches Reich“.

Ihr bekanntester Roman erschien 1928: „Das Schweißtuch der Veronika“. Ihm fügte sie 1946 einen zweiten Teil an: „Der Kranz der Engel“. Ein weiterer Roman heißt „Der Papst aus dem Ghetto“ (1930). Darüber hinaus hat sie sich vor allem als Verfasserin von Novellen einen Namen gemacht. Die Novelle „Die Letzte am Schafott“ (1932) behandelt das Schicksal der unter der Französischen Revolution hingerichteten Karmeliterinnen. Diese wurde von Georges Bernanos unter dem Titel „Die begnadete Angst“ als Drama veröffentlicht und von Francis Poulenc unter dem Titel „Dialog der Karmeliterinnen“ als Oper vertont.

Oftmals reiste Gertrud von Le Fort nach Rom, wo sie ihre Liebe zur Kirche vertiefte. 1939 ließ sie sich in Oberstdorf im Allgäu nieder, wo sie heute auch begraben liegt.

Nach dem Zweiten Weltkrieg wurde Gertrud von Le Fort einer der meistgelesenen deutschen Schriftsteller und erhielt zahlreiche Auszeichnungen: 1947 den Literaturpreis der Stadt München, 1948 den Droste-Hülshoff-Preis, 1952 den Gottfried-Keller-Preis, 1953 das Große Bundesverdienstkreuz, 1966 den Stern dazu, 1955 den Großen Kulturpreis des Landes Nordrhein-Westfalen, 1969 den Kulturellen Ehrenpreis der Landeshauptstadt München. Außerdem wurde ihr 1956 in München der Ehrendoktor der Theologie verliehen.

Die in Anlehnung an die Sprache der Psalmen verfassten „Hymnen an die Kirche“ sind bis heute ein beeindruckendes Zeugnis für den Glaubensweg der Gertrud von Le Fort. Hier werden in komprimierter Form all jene Themen angesprochen, welche die Schriftstellerin auch in ihren Erzählungen und Romanen behandelt. Zentrales Thema ist immer die religiöse Suche. Am Anfang steht die Sehnsucht nach Gott und die Meditation über letzte Wahrheiten. Nach einer Phase des Ringens um die rechte Entscheidung, die jeder Mensch selbst treffen muss, erfolgt die Hingabe an Gott.

Die „Hymnen an die Kirche“ sind als Dialog gestaltet. Zunächst spricht nur die suchende Seele. Aber die Antworten, die sie sich selbst gibt oder die andere ihr geben, befriedigen sie nicht. „Wer errettet meine Seele vor den Worten der Menschen?“ Dann erkennt sie, dass auch sie von Gott gesucht wurde: „Du allein suchtest meine Seele! Wer will das Recht deiner Treue schmälern?“

Eine Antwort auf all ihre Fragen erhält Gertrud schließlich von der Kirche. Die Kirche tritt als Vermittlerin zwischen Gott und den Menschen auf. Es ist dies ganz konkret die katholische Kirche, der sich die Verfasserin zwei Jahre später endgültig zuwendet. Mit den Worten „Deine Stimme spricht“ wird fortan in den Hymnen die Stimme der Kirche gekennzeichnet. Und so spricht sie: „Ich habe noch Blumen aus der Wildnis im Arme, ich habe noch Tau in meinen Haaren aus Tälern der Menschenfrühe. Ich habe noch Gebete, denen die Flut lauscht, ich weiß noch, wie man die Gewitter fromm macht und das Wasser segnet.“ Diese Kirche vermittelt Heiligkeit und bietet der suchenden Seele eine Heimat. „Du hast einen Mantel aus Purpurfäden, die sind nicht auf Erden gesponnen. Deine Stirn ist mit einem Schleier geschmückt, den haben dir unsre Engel geweint.“

Aufgabe der Kirche ist einerseits die Erinnerung an die ewigen Wahrheiten: „Siehe, du steigst wie ein Dom des Erinnerns aus dem Dämmer, du steigst wie ein gewaltiges Türmen aus der Verschüttung der Zeit.“ Andererseits übernimmt die Kirche das stellvertretende Beten und Opfern: „Denn überall auf Erden wehet der Wind des Verlassens (...) Aber du bist eine Stimme mitten in der Seele.“ In der Kirche zeigt sich aber auch das Entgegenkommen Gottes: „Siehe, du trittst uns entgegen mit goldener Stirne im Widerschein unsres Glücks.“ Nun wird durch das ganze Kirchenjahr aufgezeigt, wie Gott den Menschen nahekommt. An Weihnachten ist er eingetreten in unsere Welt. In seiner Passion hat er sich schließlich auch mit unserem Leid vereint. Er zahlt den Preis für unsere Sünden und zeigt uns an Ostern, wie alles Leid verklärt sein wird. Die Kirche tritt hierbei wieder als Vermittlerin auf, die uns das Christus-Ereignis deutet.

Gertrud von Le Fort, die sich in den „Hymnen an die Kirche“ zuerst als „Reis aus entwurzeltem Stamm“ und als „Schwalbe, die im Herbste nicht heimfand“, bezeichnete, hat durch dieses meisterhafte lyrische Werk heimgefunden und wurde zwei Jahre später eingewurzelt in die katholische Kirche. Bis ins hohe Alter blieb sie verliebt in diese Kirche und hat sie durch ihr Schreiben verherrlicht. Noch in ihrem 91. Lebensjahr hat sie 1967 mit ihrer Erzählung „Das Schweigen“ Papst Pius XII. und sein Schweigen zum Holocaust verteidigt. Sie verstarb am Allerheiligentag, am 1. November 1971 in Oberstdorf.

Kreuz contra Hakenkreuz

Theodor Haecker

Er war ein wahrhaft großer, Mensch, Gelehrter, Denker und Dichter zugleich." Diese Widmung durch T. S. Eliot steht auf dem Ustersbacher Friedhof am Grab von Theodor Haecker. Völlig zu Unrecht ist der am 4. Juni 1879 im württembergischen Eberbach geborene Schriftsteller, Übersetzer und Kulturkritiker heute weitestgehend in Vergessenheit geraten. Bedeutung erlangte er zunächst als Übersetzer von Vergil, Sören Kierkegaard und John Henry Newman. Die Lektüre des Letzteren war es, die dann 1921 bei ihm den Übertritt vom Protestantismus zum Katholizismus bewirkte. Darüber schrieb er selbst wenige Jahre später: „... denn ich bin auf dem Weg gewesen, langsam aber hartnäckig, und mit Hilfe von oben – in alle Nacht leuchtete doch immer ein Licht, das nicht von dieser Welt ist."

Vor seiner Konversion war er der wohl furioseste Satiriker neben Karl Kraus und schrieb in Satirezeitschriften wie „Der Brenner" oder „Hochland". Seine Kulturkritik äußerte er ferner in den von ihm herausgegebenen „Meggendorfer Blättern". Doch auch mit der Gattung der Satire brach er infolge seiner Konversion. Der Spott der Satire barg für ihn die große Gefahr, negative Geisteshaltungen in sich zu nähren und zu einem nur noch destruktiv agierenden Menschen zu werden. „Wenn ein Satiriker sich vorstellt, er müsse seine Arbeit endlos, Jahrhunderte fortsetzen, dann ist er in der Hölle."

Aber auch wenn Theodor Haecker die Polemik und den Sarkasmus mit seiner Konversion abgelegt hat, hat der stille, geradezu schüchtern wirkende Mann doch sein kritisches Gespür nicht verloren. Im Gegenteil, er wurde zu einem der wortgewaltigsten Kritiker des „Dritten Reiches". Schon dieses Wort kritisierte er scharf; denn es gab für ihn nur das Römische Reich und ein Deutsches Reich könne es nur so lange geben, als das Volk dem christlichen Glauben treu bleibt.

Schon vor der Machtergreifung übte Haecker auch Kritik am Hakenkreuz, das für ihn eine Pervertierung des Kreuzes Christi war und in dem er das Zeichen des Antichrist erkannte. Auch in Adolf Hitler sah er eine Gestalt aus dem Reich des Bösen. Ebenso attackierte er die Judenverfolgung, in der sich für ihn die Kreuzigung Christi wiederholte. Theodor Haecker glaubte an eine alle Zeiten überdauernde absolute Weltordnung und er erkannte, dass Hitler diese zerstören wollte.

Eine erste Verhaftung Haeckers im Jahre 1933 konnte durch das Eingreifen einflussreicher Freunde wieder rückgängig gemacht werden. Doch bereits 1935 wurde über ihn ein Redeverbot und 1938 ein komplettes Publikationsverbot verhängt. Seitdem zog er sich wie viele seiner katholischen Schriftstellerkollegen in die „innere Emigration" zurück. Er schrieb im Verborgenen seine Tagebücher, die posthum als „Tag- und Nachtbücher" literarischen Ruhm erlangen sollten. Auch stand Haecker in engem Kontakt mit den christlich motivierten Widerständlern der „Weißen Rose". Mehrere Flugblätter der Geschwister Scholl greifen Haeckersche Gedanken auf.

Als seine Münchner Wohnung 1944 bei einem Bombenangriff zerstört wurde, zog er nach Ustersbach bei Augsburg, wo eine ehemalige Angestellte ihn aufnahm. Dort starb er noch vor Kriegsende am 9. Mai 1945. Mit ihm verlor Deutschland einen meisterhaften Essayisten, einen engagierten Verteidiger des christlichen Glaubens und einen sprachlichen Virtuosen, der heute auf Wiederentdeckung wartet. Mit Sätzen wie den folgenden hat er zu Lebzeiten den Finger in die Wunde gelegt:

„Der Weg des Heils kann nicht sein die Zusammenschweißung einer Masse, sondern eher ihre Zertrümmerung."

„Euer Ruhm ist ohne Glanz. Er leuchtet nicht. Man spricht von euch, weil ihr die besten Maschinen habt – und seid. In diesem Staunen der Welt ist kein Funke von Liebe. Und nur Liebe gibt Glanz. Ihr haltet euch für auserwählt, weil ihr die besten Maschinen, Kriegsmaschinen baut und sie am besten bedient."

„Das Höhere kann das Niedere erklären, niemals das Niedere das Höhere."

Der Berg der Läuterung

Thomas Merton

Ein klassischer Konversionsbericht, der zum Weltbestseller wurde, stammt von dem amerikanischen Trappistenmönch Thomas Merton und heißt „The Seven Storey Mountain" („Der Berg der sieben Stufen"). Bei Erscheinen dieses Werkes ist sein Autor 33 Jahre alt und seit sechs Jahren Mitglied dieses besonders strengen Ordens. Einen radikalen Wandel hat auch dieser ehemalige Lebemann durchgemacht und davon handelt sein Bericht. Für die Darstellung dieses Wandels bedient sich Merton zweier einprägsamer Bilder, dem schon im Titel erwähnten Berg und der Höhle, die schon andere Konvertiten vor ihm nannten, um ihren Schritt zu beschreiben. Ausgehend vom platonischen Höhlengleichnis, ist das Verlassen der Höhle und der Eintritt in die Welt des Lichts eine sehr gute Veranschaulichung dessen, was sich bei der Konversion ereignet hat.

Schon das erste Kapitel trägt die vielsagende Überschrift „Die Herkunft des Gefangenen". Dort schreibt Thomas Merton: „Am letzten Tag des Januar 1915, im Zeichen des Wassermanns, in einem Weltkriegsjahre und im Schatten französischer Berge nahe der spanischen Grenze kam ich zur Welt. Frei von Natur, ein Ebenbild Gottes, war ich doch der Gefangene meiner eigenen Heftigkeit und Selbstsucht, nach dem Bilde der Welt, in der ich geboren wurde. Diese Welt war ein Abbild der Hölle, voller Menschen wie ich, die Gott liebten und ihn doch hassten; geschaffen, ihn zu lieben, lebten sie stattdessen in Angst, hoffnungslosen Widersprüchen und Begierden."

Parallelen zu Augustinus und seinen „Confessiones" werden deutlich, weshalb man Merton gelegentlich einen „wiedererwachten Augustinus" nannte. Wie Augustinus betreibt auch Merton eine Selbstanklage und berichtet über die Loslösung von seinen „alten Freundinnen" Torheit, Eitelkeit und Sinnlichkeit. Vor allem aber lobt er Gott und dankt ihm für die von ihm erfahrene Führung.

In Frankreich geboren mit einer amerikanischen Mutter und einem neuseeländischen Vater war Thomas Merton auf der Suche nach seiner wahren Heimat. Nach dem Tod der Mutter 1921 begann der Vater viel zu reisen und versuchte, von seiner Tätigkeit als Kunstmaler zu leben. Der Sohn reiste mit; so hielt das Unstete äußerlich wie innerlich Einzug in sein Leben. „Es ist fast unmöglich, aus dem beständigen Wechsel in unserem Leben und unseren Plänen während meiner Jugend einen Sinn herauszulesen. Und doch erschien mir jeder neue Schritt als vernünftig und bedeutungsvoll."

1933 begann er in Cambridge das Studium der Literatur und verschiedener moderner Sprachen. Über diese Zeit schrieb er: „Ich stürzte mich hinein und versuchte, alles aus dem Leben herauszuholen, was man mit achtzehn Jahren von ihm fordern zu können glaubt ... Bei all dem tilgte ich die letzten Reste geistiger Lebenskraft aus meiner Seele und versuchte mit aller Gewalt, das Bild der göttlichen Freiheit, das er selbst mir eingeprägt hat, in mir zu zerstören und auszulöschen."

Sein Partyleben und die hierbei von ihm gepflegten flüchtigen Liebschaften blieben nicht folgenlos. So zeugte er einen unehelichen Sohn; auch hier ist wieder eine Parallele zu Augustinus. Nach einer finanziellen Einigung mit der Schwangeren setzte sich Merton, der sich in England immer unwohl fühlte, in die USA ab, wo er Journalistik studierte. Doch sein unstetes Leben ging weiter. Jetzt wesentlich kreativer, begeisterte er sich für den Kommunismus und engagierte sich in der Friedensbewegung. Doch auch seine schriftstellerische Tätigkeit begann.

1937 kaufte Merton in einer Buchhandlung Etienne Gilsons Werk „The Spirit of Medieval Philosophy" („Der Geist der mittelalterlichen Philosophie"), das er für sein Studium nutzen wollte. Erst später entdeckte er darin das katholische Imprimatur. „Ich fühlte mich betrogen! Warum hatte man mir nicht gesagt, dass es ein katholisches Buch sei? Dann hätte ich es niemals gekauft. Ich war versucht, es aus dem Eisenbahnfenster zu werfen – wie um einen gefährlichen, schmutzigen Gegenstand los zu werden." Doch gerade dieses Buch war entscheidend für Mertons weiteren Lebensweg. Der in diesem philosophischen Werk entfaltete Gottesbegriff weckte sein Interesse. Gott ist das einzige Wesen, das aus sich heraus existiert. Während alle Geschöpfe nur etwas Seiendes sind, ist Gott das Sein schlechthin. Dieser klassische Gedanke der Scholastik weckte Thomas Mertons Wertschätzung der Theologie. „Ich erkannte, dass jene, die über Gott nachdachten, gute Gründe dafür hatten und dass jene, die an ihn glaubten, wirklich an ein Wesen glaubten; und dass ihr Glaube mehr als nur ein Traum war. Weiter schien ich damals nicht gehen zu können."

Mertons Weg „der sieben Stufen" ist ein beschwerlicher Weg. Seine Konversion musste mühsam errungen werden. Verschiedene Begegnungen waren hierfür prägend. Da ist der Dozent Mark von Doren, über dessen Shakespeare-Vorlesung Thomas Merton schreibt: „Das ganze Jahr hindurch beschäftigten wir uns mit den tiefsten Quellen der menschlichen Sehnsucht, Hoffnung und Angst." Merton begann nun, sich mehr und mehr von seinen materialistischen Fesseln zu lösen. Großen Eindruck machte auf ihn auch die Lektüre der Werke von Aldous Huxley, die in ihm das Interesse an östlichen Religionen weckten. Paradoxerweise war es dann gerade ein hinduistischer Mönch, der auf Merton einen großen Eindruck machte und der ihm die Lektüre christlicher Klassiker empfahl, besonders die „Confessiones" des Augustinus und „De Imitatione Christi" („Nachfolge Christi") des Thomas von Kempen. Bei seiner Dissertation über William Blake setzte er sich mit den Gedanken Jacques Maritains auseinander, die ihm sehr hilfreich waren.

Das Verlangen nach Bindung an eine konkrete Kirche wurde in Merton, der protestantisch getauft war, immer stärker. Dem Protestantismus liberaler Prägung konnte er nie viel abgewinnen. In New York besuchte er 1938 zum ersten Mal eine katholische Messe. Nach dem Wortgottesdienst, bevor die Opferfeier begann, verließ er die Kirche. „Ich folgte damit sozusagen einem liturgischen Instinkt, der mir sagte, dass ich kein Recht hätte, der Feier der eigentlichen Mysterien beizuwohnen. Ich hatte keine Ahnung, was dabei vor sich ging, außer, dass Christus, Gott selbst, in den Gestalten von Brot und Wein auf dem Altar gegenwärtig sei. Und wer war ich vor ihm, der aus Liebe zu mir hier war – der hier war in seiner Stärke und Macht? Was war meine Seele? Was war ich vor seinem Angesicht?"

Thomas Merton ließ sich von einem katholischen Geistlichen in den Glauben einweisen und wurde am 16. November 1938 in die katholische Kirche aufgenommen. Nach kurzem Liebäugeln mit dem Franziskanerorden trat er 1941 in den Trappistenorden ein, der für seine strenge Ordnung und sein großes Schweigen bekannt ist. 1949 wurde er zum Diakon und dann zum Priester geweiht. Nach dem großen Erfolg seiner Autobiografie schrieb er noch weitere Werke über geistliche Themen, insbesondere über Meditation.

Ab 1963 äußerte er sich auch öffentlich über politische Themen und zeigte hierbei starke Sympathie für linkes Gedankengut. Doch schon 1966 wandte er sich wieder ganz dem kontemplativen Leben zu, da er erkannte, dass Gebet und Meditation mehr vermögen als jede Rebellion, die eben immer destruktiv ist.

1968 begab sich Merton mit Erlaubnis seines Ordensoberen auf eine längere Vortragsreise, bei der er unter anderem auch mit dem Dalai Lama zusammentraf. Am 10. Dezember 1968 starb er kurz nach einem Vortrag in Bangkok bei einem Stromschlag in seinem Hotel.

„Der Berg mit den sieben Stufen" schließt mit dem Wort: „Sit finis libri non finis quaerendi." („Das mag das Ende des Buches sein, doch nicht das Ende des Suchens". Die weiteren Lebensjahre Mertons haben diesen Satz bestätigt. Das Leben hält immer wieder neue Herausforderungen und Fragen für uns bereit. Der geistig wache Mensch muss stets ein Suchender sein.

In der Sinnlosigkeit des verweltlichten Lebens

Evelyn Waugh

Zehn Jahre in dieser Gesellschaftswelt genügten, um mir zu zeigen, dass das Leben unverständlich ist ohne Gott." Dieser Ausspruch des Satirikers Evelyn Waugh kann als Schlüssel zu seinem schriftstellerischen Gesamtwerk dienen. Denn wenn auch in vielen seiner Romane – besonders in den Frühwerken – die Religion keine Rolle spielt, so ist doch in der Darstellung einer Welt ohne Gott die Sinn- und Glaubensfrage thematisiert. Seine Romane „Decline and fall" (Auf der schiefen Ebene", 1928) und „Vile bodies" („Lust und Laster", 1930) beschreiben das Leben der Londoner Dandys, zu denen auch Waugh selbst gehörte. Ähnlich einem Honoré de Balzac mit seiner „Comédie humaine" entwirft er ein realistisches Sittengemälde seiner Zeit. Den Verlust der Werte stellt er gerade dadurch dar, dass existenzielle Fragen überhaupt nicht gestellt werden. Mit den Stilmitteln der Satire attackiert Waugh das Leben der gehobenen Gesellschaftsschichten, welches im doppelten Sinn wertlos sei.

Der am 28. Oktober 1903 als Sohn einer Verlegerfamilie geborene Evelyn Waugh kannte selbst dieses hohle Dandyleben, doch nach einer tiefen Lebenskrise und dem Scheitern seiner Ehe mit Evelyn Gardner im Jahr 1929 konvertierte er im Oktober 1930 bei Jesuitenpater Martin d'Arcy zur katholischen Kirche. Zunächst änderte sich dadurch allerdings für ihn noch nicht sehr viel. Sein trinkfreudiges, promiskuitives und exaltiertes Partyleben ging weiter, mit dem Unterschied, dass er jetzt auch regelmäßig zur Beichte ging. Auch in zwischenmenschlichen Begegnungen war er stets spöttisch und oft auch sehr verletzend. Als man ihm einmal den Vorwurf machte, dies ließe sich nicht mit seiner Konversion vereinbaren, erwiderte er: „Wäre ich nicht Katholik, dann wäre ich noch viel unausstehlicher."

Sein Zynismus und sein satirischer Humor prägen auch sein schriftstellerisches Wirken in den dreißiger und vierziger Jahren. 1932 schockierte er die Öffentlichkeit mit dem Roman „Black mischief" (Schwarzes Unheil"), der nicht nur eine Satire auf Afrika ist, sondern auch dem zivilisierten Europa kannibalische Züge nachweist.

Zwei Jahre später folgte „A handful of dust“ („Eine Handvoll Staub“), indem er das Schicksal des Schlossherrn Tony Last schildert, den es in den Urwald des Amazonas verschlägt, wo er von einem Wilden gefragt wird: „Glauben Sie an Gott?“ Tony muss gestehen, dass er sich darüber bisher noch keine Gedanken gemacht hat. Zwar ging er in seiner Jugend zur Kirche, aber aus Tradition und nicht aus Glauben. Mit beißendem Spott schildert Evelyn Waugh, wie Tony in seiner Jugend den Gottesdienst erlebte: „Der Pfarrer kletterte mühsam auf die Kanzel. Er war ein älterer Mann, der die meiste Zeit seines Lebens in Indien Dienst getan hatte. Tonys Vater hatte ihm die Stelle auf das Drängen seines Dentisten übertragen. Er hatte eine edle und sonore Stimme und galt als der beste Prediger für viele Meilen im Umkreis. Seine Predigten waren während seiner rüstigeren Jahre für den Garnisonsgottesdienst verfasst worden; er hatte nichts getan, um sie den veränderten Verhältnissen seiner Seelsorge anzupassen, und sie schlossen meist mit einer Erwähnung der Heimat und der Lieben in weiter Ferne. Die Dorfleute fanden dies in keiner Weise überraschend. Wenig von dem, was in der Kirche gesagt wurde, schien irgendeine bestimmte Beziehung zu ihnen selbst zu haben. Sie genossen die Predigten ihres Pfarrers sehr, und sie wussten, wenn er von ihrer fernen Heimat anfing, war es Zeit, die Knie abzustauben und nach dem Regenschirm zu fühlen.“

Ähnlich köstlich spottet Waugh auch über die Sensationsgier der Journalisten im Roman „Scoop“ („Knüller“), über das Leben im Gefängnis, das er in seiner Erzählung „Love among the ruins“ („Und neues Leben blüht“, 1953) als wahres Schlaraffenland schildert, oder über die bizarre Leichenkosmetik und das gesamte Bestattungsgeschäft in Kalifornien im Roman „The loved one“ („Tod in Hollywood“, 1948). Generell spart der Engländer in seinen Werken nicht mit Kritik an der amerikanischen Gesellschaft.

Waughs Hauptwerk „Brideshead revisited“ („Wiedersehen mit Brideshead“, 1945) wurde sowohl 1982 als auch 2008 verfilmt, wobei die neuere Verfilmung die religiöse Aussage geradezu auf den Kopf stellt. Am Ende des Romans wird nämlich deutlich, dass der Glaube stärker ist als alle anderen Ideen, von denen sich die verschiedenen Charaktere treiben lassen. Obwohl sie bis dahin fast gänzlich glaubenslos lebten und sich auf unterschiedlichste Weise in schwere Schuld verstrickten, finden sie am Ende fast alle zum Glauben. Während sie selbst allen möglichen Hirngespinsten nachjagten, hat Gott sie doch nicht aufgegeben. Denn er ist nicht bloß eine Idee, sondern eine Realität. Dies muss auch der Ehebrecher Ryder am Ende feststellen und in der Schlosskapelle von Brideshead kniet er nieder vor dem Allerheiligsten.

Diesen Aspekt bringt Waugh auch besonders deutlich zum Ausdruck in seinen Biografien über „Edmund Campion“ (1935) und „Helena“ (1950). Die Mutter von Kaiser Konstantin fährt in das Heilige Land, um das Kreuz Christi zu suchen, denn: „Ich bin immer für das Wahre in greifbarer Form.“ Nach dieser Wahrheit suchte auch der Anglikaner Campion und konvertierte zum Katholizismus. Für die erkannte Wahrheit ist er bereit, in der Katholikenverfolgung vieles zu erdulden und schließlich als Märtyrer unter Elisabeth I. sein Leben hinzugeben. Den finanziellen Ertrag dieser Biografie lässt Waugh Pater D’Arcy für den Neubau des Jesuitenkollegs in Oxford zukommen.

Eine Spannung durchzieht das ganze Leben von Evelyn Waugh: die Spannung zwischen Materialismus und Hedonismus einerseits und der Sehnsucht nach Orientierung und Ordnung andererseits. Die Sinnlosigkeit eines verweltlichten Lebens hatte Waugh schon früh erkannt und immer wieder heftig attackiert und karikiert, wenn er sich auch zunächst selbst nicht davon losreißen konnte. Seine Konversion geschah – nach Aussagen seines Zeitgenossen Graham Greene – weniger aus emotionalen denn aus rationalen Gründen. In seiner Orientierungslosigkeit findet er Halt in der katholischen Kirche, in ihren Glaubensaussagen und in ihren Riten, über die er selbst früher nur spotten konnte.

Daher wird Waugh neben anderen englischen Schriftstellern (wie die Krimiautorin Agatha Christi) ein großer Gegner der Liturgiereform im Anschluss an das Zweite Vatikanische Konzil (1962–1965). Er bedauert die Verdrängung der lateinischen Sprache und die weitreichende Beteiligung der Laien an der Gestaltung der Liturgie. Schilderte er noch in seiner Nachkriegs-Romantrilogie „Sword of honour" („Ohne Furcht und Tadel", 1952–1961) den Katholizismus als die einzige Macht, die den moralischen Niedergang überdauern und ewige Werte bewahren könne, so nennt er bereits 1965 in einem Vorwort diese Trilogie einen „Nachruf auf die römisch-katholische Kirche, wie sie Jahrhunderte lang in England existiert hat". Und er gesteht: „Ich habe mich getäuscht und habe dort, wo ich Unwandelbares vermutete, Spuren einer Revolution wahrgenommen." In dieser Verbitterung stirbt Evelyn Waugh an Ostern 1966.

Seine Romane erfreuen sich auch heute noch großer Beliebtheit. Denn die innere Zerrissenheit, die Spannung zwischen völliger Diesseitsorientierung und Sehnsucht nach Gott, sind Kennzeichen nicht nur dieses Autors, sondern auch unserer heutigen Gesellschaft, die unter der öffentlichen Absenz Gottes leidet.

Der bekehrte Kommunist

André Frossard

Schon der Titel seiner Autobiografie „Gott existiert" hat es in sich, weitaus mehr aber noch der Untertitel „Ich bin ihm begegnet." Das ist Provokation pur für eine Gesellschaft, die oftmals schon die Existenz Gottes verneint, auf jeden Fall aber die Möglichkeit, ihn zu erkennen und die Tatsache seines Eingreifens in unsere Lebenswelt.

Noch mehr Zündstoff erhält das im Jahre 1969 veröffentlichte Buch dadurch, dass sein Autor André Frossard ein in Frankreich wohlbekannter Kolumnist des *Figaro* war und dass er bis zu seiner Konversion ein überzeugter Kommunist war. Unablässig weist Frossard darauf hin, dass nichts in seinem bisherigen Leben auf diese Wende hinwies. „Dieses Buch erzählt nicht, wie ich zum katholischen Glauben kam, sondern wie ich nicht dorthin ging und mich plötzlich dort befand. Es ist nicht die Darstellung einer geistigen Evolution, sondern die Mitteilung von einem unvermutet eingetretenen Ereignis, so etwas wie die Zeugenaussage über einen Unfall."

Von dem, was sich am 8. Juli 1935 zwischen 17.10 Uhr und 17.15 Uhr in einer kleinen Kapelle in der rue d'Ulm im Quartier Latin in Paris ereignete, war er genauso überrascht wie sein ganzer Bekanntenkreis. Es war ein echtes Eingreifen Gottes in sein Leben, das er örtlich wie zeitlich genau festmachen konnte. Seit diesem Ereignis gab es für ihn keinen Zweifel mehr an der Existenz Gottes. Selbst härteste Schicksalsschläge wie der spätere Tod seiner beiden Kinder konnten diese Gewissheit nie wieder infrage stellen. „Es war ein Augenblick der Verblüffung, der noch andauert. Ich habe mich niemals an die Existenz Gottes gewöhnt."

Der 1915 im Elsass geborene André Frossard wuchs – wie er selbst betont – „im revolutionären Milieu" auf. Sein Vater war Mitbegründer und zeitweiliger Generalsekretär der Kommunistischen Partei Frankreichs. Man machte sich nicht einmal die Mühe, die Existenz Gottes zu leugnen; dies war einfach selbstverständlich bei „vollkommenen Atheisten". Berühmt geworden ist auch Frossards Ausspruch: „Ich habe den Père-Lachaise vor dem Père Noel gekannt."

Schon früh ließ Frossard ein großes Zeichentalent erkennen und begann als Siebzehnjähriger eine journalistische Ausbildung bei einer Pariser Abendzeitung, wo er als Sohn eines Prominenten gewisse Privilegien genoss. Wenige Jahre später freundete er sich mit dem Journalisten André Willemin an, der nach einer längeren Phase des Unglaubens wieder zu seinem katholischen Bekenntnis zurückgefunden hatte. Obwohl sich beide sehr gut verstanden und oft unterhielten, gelang es Willemin nicht, Frossard von der Existenz Gottes zu überzeugen.

Als beide gemeinsam essen gehen wollten, fuhren sie mit dem Auto ins Quartier Latin, wo Willemin kurz in einer Kapelle verschwand, während Frossard auf ihn warten sollte. „Schön, er wollte beten gehen oder beichten, kurz sich irgendeiner dieser Tätigkeiten widmen, die den Christen viel Zeit nehmen. Ein Grund mehr, um zu bleiben, wo ich war."

Aus Neugierde betrat Frossard schließlich doch die Kapelle. In dem unscheinbaren, düsteren Raum war gerade die Monstranz mit dem Leib Christi zur Anbetung ausgesetzt. Frossards Blick jedoch blieb an einer der danebenstehenden Kerzen hängen. Da hatte er plötzlich eine Vision: „Es ist ein unzerstörbarer Kristall, von einer unendlichen Durchsichtigkeit, einer beinahe unerträglichen Helle (ein Grad mehr würde mich vernichten einem eher blauen Licht, eine Welt, eine andere Welt, von einem Glanz und einer Dichte, dass unsere Welt vor ihr zu den verwehenden Schatten der nicht ausgeträumten Träume zurücksinkt. Es ist die Wirklichkeit, es ist die Wahrheit, ich sehe sie vom dunklen Strand aus, wo ich noch festgehalten bin. Es ist eine Ordnung im Universum, und an ihrer Spitze, jenseits dieses funkelnden Nebelschleiers, ist die Evidenz Gottes, die Evidenz, die Gegenwart ist, die Evidenz, die Person ist, die Person dessen, den ich vor einer Sekunde noch geleugnet habe, den die Christen unseren Vater nennen und dessen milde Güte ich an mir erfahre, eine Milde die keiner anderen gleich, die nicht die manchmal mit diesem Namen bezeichnete passive Eigenschaft ist, sondern eine aktive, durchdringende, eine Milde die alle Gewalt übertrifft, die fähig ist, den härtesten Stein zu zerbrechen und was härter ist als der Stein – das menschliche Herz.“ Auf einen Schlag wurde ihm bewusst. „Gott existiert und alles ist wahr.“

Noch in den nächsten Wochen war André Frossard ganz ergriffen von dem, was er erlebt hatte. Seine Eltern können sich diesen radikalen Wandel nicht erklären und konsultierten einen Arzt. Dieser meinte, eine solche „mystische Krise“ würde in der Regel nicht lange andauern. Doch Frossard betrachtete sich seit jenem Tag als Katholik, schloss sich einem Kreis von Konvertiten an und bereitete sich auf seine Taufe vor.

Sein Glaube trug auch weiterhin. Während des Zweiten Weltkriegs musste er Militärdienst leisten und kam im Dezember 1943 in deutsche Gefangenschaft. Wegen jüdischer Vorfahren wurde er in die „Judenbaracke“ geworfen. Doch Frossard blieb seinem Glauben und dem Gebet treu. In Kolumnen und Büchern verteidigte er immer neu den christlichen Glauben.

Weitere autobiografische Werke von André Frossard sind: „Es gibt eine andere Welt“ (1976) und „Ich glaube an Gott. Mein Lobpreis des Credo“ (1981). Darüber hinaus veröffentlichte Frossard unter dem Titel „Habt keine Angst“ ein berühmtes Interview-Buch mit Papst Johannes Paul II., mit dem er auch privat freundschaftlich verbunden war. 1987 wurde er in die *Académie Francaise* aufgenommen. Er starb am 2. Februar 1995 in Versailles.

„Ein peinlicher Vorfall“

Alfred Döblin

Am 14. August 1943 feierte Alfred Döblin in einem kleinen Theater in der Nähe von Los Angeles seinen 65. Geburtstag. Zahlreiche Prominente Gäste waren anwesend, darunter Thomas und Heinrich Mann sowie Bertold Brecht. Nach mehreren Reden und Musikstücken hielt der Jubilar seine Dankesrede, die für Aufregung sorgte. Noch am gleichen Abend notierte Brecht: „...am Schluss hielt Döblin eine Rede gegen moralischen Relativismus und für feste Maße religiöser Art, womit er die irreligiösen Gefühle der meisten Feiernden verletzte. Ein fatales Gefühl ergriff die rationaleren Zuhörer, etwas von dem verständnisvollen Entsetzen über einen Mitgefangenen, der den Folterungen erlegen ist und nun aussagt."

Für Döblins Konversion machte Brecht die von ihm erlittenen Schicksalsschläge verantwortlich, was diesem Sachverhalt allerdings nicht ganz gerecht wird. Brecht, dem es an jeglichem Verständnis für Döblins Schritt fehlte, schrieb kurz darauf ein Spottgedicht mit dem Titel „Peinlicher Vorfall", in dem er noch einmal jenes Ereignis zur Sprache brachte. Darin heißt es:

„Da betrat der gefeierte Gott die Plattform, die den Künstlern gehört,
Und erklärte mit lauter Stimme
Vor meinen schweißgebadeten Freunden und Schülern,
Dass er soeben eine Erleuchtung erlitten habe und nunmehr
Religiös geworden sei."

Der Schock darüber, dass jemand in der Öffentlichkeit ein religiöses Bekenntnis ablegte, traf noch härter, da Alfred Döblin zuvor als literarische Avantgarde galt und der Kirche andererseits gerne Rückständigkeit vorgeworfen wird. Dennoch kam dieser Schritt Döblins nicht überraschend und war auch nicht nur das Ergebnis von Schicksalsschlägen wie dem Verlust zweier Söhne im Krieg in Frankreich. Dies wird bei der Lektüre seiner Autobiografie „Schicksalsschläge" (1949) deutlich.

Alfred Döblin entstammte einem jüdischen Elternhaus, hat diesem später aber keinerlei Bedeutung beigemessen. „Früh merkte ich, dass ich der Religion und der Metaphysik verfallen war – und suchte mich zu entziehen." So verfasste er 1919 einen Essay mit dem Titel „Jenseits von Gott!", in dem er sich zum Atheismus bekannte. Darin bezeichnet er Gott als eine „Leiche", von der sich zu lösen jedoch gar nicht so leicht fällt. „Er findet sich in mir vor wie etwas Selbständiges, das ich nicht aus meinem Haus weisen kann, ja das mitbesitzend in diesem Hause wohnt. Aber ich will ihn nicht, ich brauche ihn nicht, er steht leichenhaft in mir herum."

In seiner religiösen Suche reiste Döblin 1924 nach Polen, wahrscheinlich auf der Suche nach seinen jüdischen Wurzeln. Doch es war der gekreuzigte Christus, der ihn immer wieder anzog – so sehr, dass er mehrfach täglich die katholische Kirche aufsuchte. „Der mächtigen Realität habe ich mein Herz zugewandt, dem toten Mann, dem Hingerichteten am Holz über den Betenden."

Den Arztberuf, den Alfred Döblin ursprünglich ergriffen hatte, gab er sehr bald auf und begann zu schreiben. Er wurde zum Vorreiter des literarischen Expressionismus und sammelte einen Kreis von Schülern um sich, darunter auch Günter Grass. Seine Hauptwerke sind „Wallenstein" (1920), „Berlin Alexanderplatz" (1929), „Babylonische Wanderung" (1934) und der vierbändige Roman „November 1918" (1949/50).

Mit der Machtergreifung der Nationalsozialisten kam das vorläufige Ende seiner Karriere. Da er Jude war, wurden seine Bücher verbrannt und Alfred Döblin ging ins Exil. Doch er resignierte nicht. Ein ganzes Kapitel seiner Autobiografie trägt die Überschrift: „Es ruhte nicht in mir." In seiner Suche nach einer Antwort auf die existenziellen Fragen, die ihn bedrängten, las er Pascal und Kierkegaard. Seinem Sohn wollte er ein religiöses Fundament mitgeben und ließ ihn von einem Jesuitenpater im katholischen Glauben unterweisen. Er selbst nahm ebenfalls am Katechismusunterricht teil, um sich „zu informieren". So wurde er sensibel für die Welt des Übernatürlichen und näherte sich immer mehr dem christlichen Gott. Man kann erkennen, wie sehr Gott selbst den Gottsucher nicht losließ: „Er behielt mich im Auge. Er ließ nicht los. Er gab diesmal kein Zeichen. Er griff ein. Ich war erschüttert und bin es noch, sobald ich daran denke."

Auf der Flucht vor den Deutschen reiste Döblin über Frankreich nach Kalifornien. In Mende im Languedoc machte die alte Kathedrale und das dortige Kruzifix einen großen Eindruck auf ihn. Hier verbrachte er zwei Wochen, die ihn religiös tief prägten. „Was hier hängt, ist nicht ein Mensch, dies ist Gott selber, der um das Elend weiß und darum herabgestiegen ist in das kleine, menschliche Leben."

Dadurch, dass Gott selbst das Leid auf sich nimmt und trägt, erhält das menschliche Leid einen Sinn, geschieht Erlösung. Der Gläubige kann im Gekreuzigten die grenzenlose Liebe Gottes erkennen. Alfred Döblin schreibt: „Ich sitze in Sichtweite des Kruzifixes. Wenn ich die Augen schließe, fühle ich das Kruzifix oben rechts als eine strahlende Wärme."

Döblins Konversion ist keine Blitzbekehrung, sie ist die Frucht eines langen Suchens, mehr noch eines Gesuchtwerdens durch Gott selbst. Diese Bekehrung ist mystischer Natur, auch wenn hier keine übernatürlichen Phänomene zutage treten. Am Beispiel Alfred Döblins zeigt sich vielmehr die Anziehungskraft, die das Kreuz Christi auf religiös Suchende ausübt. Diese ist so stark, dass ein inniges Vertrauensverhältnis entstehen kann zwischen dem Gekreuzigten und jedem Menschen, der seine Nähe sucht. So schrieb Döblin in seiner Autobiografie: „Jetzt ist eine Vertraulichkeit da zwischen dem Kruzifix und mir. Es besteht ein Geheimnis zwischen uns. Der am Kreuz hängt, spricht nicht zu mir, aber ich spreche zu ihm. Ich frage nicht. Ich fühle: O du! Ich nicht, ich bin auf der Flucht, und da ist man gehetzt und es gibt Grauen. Aber was ist das, verglichen mit dem Grauen, durch das du hast gehen müssen auf unserer Erde, unter uns Menschen."

Der Weg der religiösen Suche erstreckte sich bei Döblin über einen Zeitraum von zwanzig Jahren. In der Mitte dieses Zeitraums wurde Döblins bedeutendster Roman „Berlin Alexanderplatz" veröffentlicht, der zwar vordergründig keine religiöse Thematik aufweist, der aber ebenso die Geschichte einer Bekehrung schildert – gewissermaßen im Vorfeld der Religion.

Am 30. November 1941 wurde Alfred Döblin mit seiner ganzen Familie katholisch. Doch seine Konversion stieß bei den Zeitgenossen größtenteils auf Unverständnis. Vielen, insbesondere seinen Berufskollegen, fehlte der religiöse Sensus, um die mystische Seite an seiner Person zu verstehen. Man warf ihm „Flucht aus der Wirklichkeit" vor. Günter Grass schrieb 1967 – zehn Jahre nach Döblins Tod – über seinen ehemaligen Lehrer: „Döblin hatte der Glaube geschlagen; ich konnte ihm nicht mehr folgen."

Alfred Döblin hingegen sah seine Mystik nie im Gegensatz zur Ratio. Aber es gibt eine Wirklichkeit, die von der Ratio allein nicht erfasst werden kann. Die göttliche Wirklichkeit „existiert und verliert dadurch, dass sie ignoriert wird, weder ihre Existenz, noch ihre Wichtigkeit".

Die Religion thematisierte Döblin noch einmal ausdrücklich in seiner Schrift „Der unsterbliche Mensch – ein Religionsgespräch" (1948). Diese beinhaltet einen Dialog zwischen einem älteren Mann, in dem unschwer Döblin selbst zu erkennen ist, und einem jungen Skeptiker, den Ersterer vom Glauben zu überzeugen sucht. Doch es zeigt sich, dass der Glaube nicht machbar ist, sondern nur von Gott geschenkt werden kann.

Seine Autobiografie „Schicksalsreise" beschließt Alfred Döblin mit dem Gedanken, dass der Mensch im Kreuz Christi die Liebe Gottes erkennen kann. „Und das bewirkt etwas Neues und anderes, als was der Mensch allein aus sich vermag und was er mit sich und seiner Gesellschaft im Rahmen seiner ‚Gesichte' erreichen kann. Er geht durch die Tore des Leidens und der Entbehrungen, durch die Tore der Krankheit, des Alters und des Todes. Das ist auf ihn gelegt und das – ist ihm verliehen. Denn wenn er durch diese Tore schreitet, wird er da nicht von Zuversicht und Hoffnung begleitet, von Freude und Gewissheit geführt? Friede und Freude wird in ihn gegossen. Die schweren Krusten lösen sich wie in einem Bad. Die alten, schmerzenden Narben erweichen. Eine schwere Maske fällt von ihm. Er sieht, dass ihn eine dicke Tonmaske presste und sich für sein Ich ausgab."

Der Gestrandete

Walker Percy

Angenommen, ein Mann ist auf einer Insel gestrandet ... Beim Schiffbruch hat er sein Gedächtnis verloren und hat keine Erinnerung daran, woher er kam und wer er ist ... Der Gestrandete, inzwischen gut ausgebildet und wissbegierig, macht sich die Gewohnheit zu eigen, frühmorgens am Strand spazieren zu gehen. Dabei stößt er regelmäßig auf Flaschen, die von den Wellen angeschwemmt wurden. Die Flaschen sind sorgfältig verkorkt, und jede von ihnen enthält ein einziges Stück Papier, worauf ein einziger Satz geschrieben steht. Die Botschaften sind sehr verschieden nach Form und Inhalt."

In seinem Essay „Die Flaschenpost" (1959) hat Walker Percy (1916–1990) dieses anschauliche Gleichnis erzählt, um dem Phänomen des Glaubens nachzuspüren. Der Mensch ist ein Gestrandeter, der nach seiner Herkunft fragt und zur Beantwortung seiner Frage gelangen kann, indem er die unterschiedlichsten Botschaften, mit denen ihn das Leben konfrontiert, zu deuten versucht. Es sind positive Botschaften, da sie den Menschen aus seiner ungeklärten und beengten Inselexistenz befreit.

Der amerikanische Arzt und Naturwissenschaftler Walker Percy, der später auch als Romanwissenschaftler sich einen Namen machte, beschäftigte sich seit seiner Tuberkuloseerkrankung 1942 mit dem Wesen des Menschen und seiner Aufgabe in der Welt. Insbesondere die Existenzphilosophie Sören Kierkegaards hatte es ihm angetan. Als seine Krankheit ihn zum Aufgeben des Arztberufes zwang, wandte er sich dem Schreiben zu, was ihn dazu brachte, sich noch stärker mit den existenziellen Fragen des menschlichen Lebens zu beschäftigen. 1947 konvertierte er zur römisch-katholischen Kirche. „Letztlich sind zehn langweilige ‚Gegrüßet seist du, Maria' für einen Romanschriftsteller von größerem Wert als zehn Stunden Joseph Campbell im Fernsehen."

In den folgenden Jahren machte er sowohl durch seine Romane – für seinen ersten Roman „Der Kinogänger" (1962) erhielt er den National Book Award – als auch durch seine philosophisch-theologischen Essays auf sich aufmerksam und erwarb sich zudem einen Namen als Übersetzer Peter Handkes. Dabei hat er neue und unkonventionelle Gedankengänge beschritten und verstaubtes Theologenjargon vermieden. Die Sprache der Religion war für ihn bankrott. Andererseits verlangt unser Zeitalter, das er „das wissenschaftlich fortgeschrittenste, wildeste, demokratischste, inhumanste, sentimentalste, mörderischste Jahrhundert“ nannte, nach einer befreienden Botschaft.

Walker Percy, der bis zu seinem Krebstod 1990 in Louisiana lebte, war ein Fortschritts- und Gesellschaftskritiker. „Wir leben sowohl in einem postmodernen als auch in einem nachchristlichen Zeitalter ... Das gegenwärtige Zeitalter ist wahnsinnig. Es ist besessen von einem Gefühl der Ortlosigkeit, einem Verlust an persönlicher Identität, einem Wechsel zwischen Sentimentalität und Wut, was man bei einem einzelnen Patienten als Wahnsinn bezeichnen könnte.“ Ganz der Arzt, trifft Percy nach Sichtung der Symptome diese Diagnose. Der Wahnsinn der Gesellschaft rührt daher, dass keiner mehr weiß, wer er ist. Doch wir können herausfinden, wer wir sind, wenn wir die Zeichen, die wir – gewissermaßen als „Flaschenpost“ – wahrnehmen, in rechter Weise deuten.

Vor allem zwei Zeichen sieht Percy: das eigene Selbst, das sein Nichtwissen unbefriedigt lässt, und die jüdisch-christliche Tradition als anstößigsten Gegenpol zur vorherrschenden Gesellschaft. Das Judentum ist anstößig durch den Gedanken, Gott habe ein einzelnes Volk auserwählt. Das Christentum ist noch weit anstößiger durch die Behauptung, dass Gott in einem einzigen konkreten Menschen sich auf Erden gezeigt hat. Daher kommt für Walker Percy eine Weltdeutung allein durch die Naturwissenschaft nicht in Frage. Judentum und Christentum können wissenschaftlich nicht erklärt werden. Ihnen allein kann es aber gelingen, heute die Würde des Menschen zu erhalten.

Obwohl Percy beim Thema Religion stets größte Zurückhaltung an den Tag legte, sah er in der jüdisch-christlichen Tradition für sich selbst den Weg, „jener Wüste aus Theorie und Konsum“ zu entkommen. Er wählte die katholische Kirche als die weltweite „ecclesia“, die auf das jüdische Erbe gegründet ist.

Walker Percy, der sich selbst als „schlechten Katholiken“ bezeichnete, sah es nicht als seine Aufgabe an, die Sprache des Glaubens zu erneuern. „Der Romanautor – er ist kein Heiliger – hat eine bescheidenere Aufgabe. Er muss jedes Gramm an Fertigkeit, Geschick, Humor, sogar Ironie dazu verwenden, die Religion vom bloß Erbaulichen zu befreien.“

Vom Kreuz gesegnet

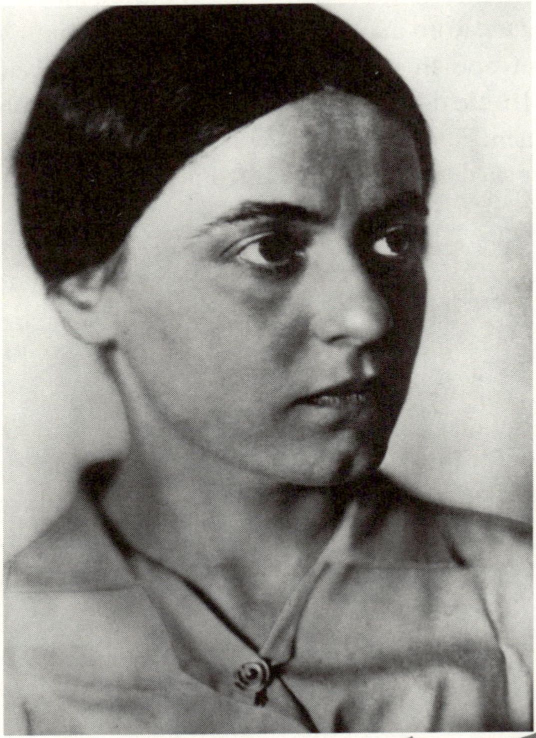

Edith Stein

Das zentrale Zeichen des christlichen Glaubens ist das Kreuz. Wer von irgendeiner anderen Religion zum Christentum übertritt, muss in irgendeiner Weise dem Kreuz Christi begegnet sein. In exemplarischer Weise ist dies am Leben der konvertierten Jüdin Edith Stein erkennbar. Geboren wurde sie am jüdischen Versöhnungstag, am 12. Oktober 1891 in Breslau. Sie war das jüngste von elf Kindern einer tiefgläubigen jüdischen Familie. Schon früh zeigte sich ihre hohe Intelligenz: In ihrer Schule zählte sie zu den Besten. Mit dreizehn Jahren allerdings verlor sie den Glauben an einen persönlichen Gott und ein langer Weg der Suche begann.

Auf eigenen Wunsch verließ sie die Schule, um in Hamburg im Arzthaushalt ihrer Schwester mitzuhelfen. Doch schon wenige Monate später nahm sie ihr Studium wieder auf und machte im März 1911 Abitur. Sie begann das Studium der Philosophie, bei dem sie besonderes Interesse für die Grundlagen der menschlichen Existenz und für die menschliche Seele zeigte. Dadurch kam sie in Kontakt mit den Gedanken Edmund Husserls, dessen Schülerin sie 1913 wurde. Bei ihm machte sie im Januar 1915 Staatsexamen und promovierte im Sommer 1916 „summa cum laude".

Als Husserls Assistent Adolf Reinbach Ende 1917 starb und Edith den Nachlass ordnen sollte, traf sie die Witwe keineswegs zerbrochen an, wie sie erwartet hatte. Edith brauchte nicht zu trösten, sondern erfuhr hier selbst Trost und konnte etwas spüren von der Hoffnung, die aus dem Glauben erwächst. Später berichtete sie selbst über diese Begegnung: „Es war dies meine erste Begegnung mit dem Kreuz und der göttlichen Kraft, die es seinen Trägern mitteilt. Ich sah zum ersten Mal die aus dem Erlöserleiden geborene Kirche in ihrem Siege über den Stachel des Todes handgreiflich vor mir. Es war der Augenblick, in dem mein Unglaube zusammenbrach und Christus aufstrahlte, Christus im Geheimnis des Kreuzes." Was all ihr wissenschaftliches Forschen nicht vollbringen konnte, geschah hier durch die Gnade Gottes. Sie begegnete dem gekreuzigten Christus.

Im Sommer 1921, während eines Aufenthalts bei einem befreundeten Ehepaar, fand Edith Stein endgültig zum Glauben. Als das Ehepaar eines Abends ausging, begann sie die Lektüre der Autobiografie der Teresa von Avila, die sie dem Bücherschrank der Freunde entnahm. Gefesselt von dem Gedanken, dass Gott nicht in den Wissenschaften zu finden ist, dass sein Wesen vielmehr Liebe und Hingabe ist, las Edith die ganze Nacht hindurch und schloss das Buch mit den Worten: „Das ist die Wahrheit". Indem sie Gott fand, erkannte sie zugleich, dass der Mensch sich ihm in Liebe hingeben muss. Denn die Torheit des Kreuzes ist der Anfang der Weisheit.

Am Neujahrstag 1922 empfing Edith die Taufe und wählte den Taufnamen Teresa. Sie begab sich nach Speyer, wo sie als Lehrerin arbeitete und den Jesuitenpater Erich Przywara kennenlernte. Im Frühjahr 1932 ging sie als Dozentin nach München. Als die Judenverfolgung begann, erkannte sie im Gebet, dass das Leiden Christi mit dessen Tod noch nicht beendet ist. Wer zu Christus gehört, muss das Kreuz weitertragen. Sie entschied sich dafür, ihr Leben ganz Gott hinzugeben. Im September 1933 trat sie in den Karmel Köln-Lindenthal ein, wo sie im April 1934 eingekleidet wurde. Sie wählte den Ordensnamen „Benedicta a Cruce", „die vom Kreuz Gesegnete".

1936 brachte sie ihr philosophisches Werk „Endliches und ewiges Sein" zum Abschluss. Darin schreibt sie: „Das innerste Wesen der Liebe ist Hingabe. Gott, der die Liebe ist, verschenkt sich an die Geschöpfe, die er zur Liebe geschaffen hat." Im gleichen Jahr verstarb am Fest Kreuzerhöhung (14. September) ihre Mutter, welche die Konversion und den Ordenseintritt der Tochter nie verstanden hatte.

Als die Judenverfolgung im Dritten Reich immer stärker wurde, floh Edith Stein Ende 1938 nach Echt in Holland. Im Frühjahr 1939 bot sie sich mit Erlaubnis ihrer Oberin Gott als Sühnopfer für einen wahren Frieden an.

1941 veröffentlichte sie eine Studie mit dem Titel „Kreuzeswissenschaft". Darin schreibt sie: „Wenn wir in gläubiger Hingabe den ganzen Christus annehmen, das heißt aber, dass wir den Weg der

Nachfolge Christi wählen und gehen, dann führt er uns durch sein Leiden und Kreuz zur Herrlichkeit der Auferstehung." Und weiter: „Wirksamer als die Abtötung, die man nach eigener Wahl übt, ist das Kreuz, das Gott einem auferlegt, äußerlich und innerlich."

Als Gegenmaßnahme zu einem Hirtenbrief der holländischen Bischöfe wurden am 2. August 1942 zahlreiche zum Katholizismus konvertierte Juden verhaftet, unter ihnen auch Edith Stein und ihre leibliche Schwester Rosa. Sie kamen in einen Zug nach Auschwitz. Edith betrat den Zug, indem sie zu ihrer Schwester sagte: „Komm, wir gehen für unser Volk." Danach verliert sich ihre Spur. Man nimmt an, dass sie am 9. August in Auschwitz hingerichtet wurde.

Das Kreuz Christi durchzieht somit ihr gesamtes Leben. Es war der Ausgangspunkt ihrer Konversion, es war im Kloster ein Teil ihres Namens, es war Gegenstand ihres philosophischen Arbeitens und es war der Weg ihres eigenen Lebens, den sie in christlichem Glauben bis zu Ende ging.

Vom Alten zum Neuen Bund

Kardinal Jean-Marie Lustiger

Man stelle sich einmal vor, die katholischen Kardinäle wählten einen Juden auf den Stuhl Petri. Fast wäre es so weit gekommen. Immerhin galt der am 5. August 2007 verstorbene ehemalige Kardinal von Paris, Jean-Marie Lustiger, als „papabile" und eine Wahl zum Papst hätte sich harmonisch in seine vorausgehende Biografie eingefügt. Er hat einmal bekannt: „Ich weiß, dass ich eine wandelnde Provokation bin, die dazu zwingt, sich über die Figur des Messias Rechenschaft zu geben."

Als Sohn polnischer Juden wurde Aaron Lustiger – so sein Geburtsname – am 17. September 1926 in Paris geboren. Im Elternhaus spielte die Religion keine übermäßige Rolle. Aaron wurde von seinen Eltern im Geist der französischen Republik erzogen. Den begabten Gymnasiasten schickten sie schon im Alter von zehn Jahren nach Deutschland, um seine Sprachkenntnisse zu perfektionieren. Um sein Judentum zu verbergen, nannte er sich Arno. Der Vater riet ihm: „Das ist gefährlich, kein Wort davon, pass auf. Und sieh dich genau um." In Deutschland lernte Lustiger sowohl antisemitische als auch weltoffene und tolerante Einstellungen kennen. Er musste erkennen, dass nicht jeder Deutsche zwangsläufig ein Judenhasser war.

Mit 14 besuchte Aaron wie auch seine Schwester ein Internat in Orléans. In der Karwoche 1940 überkam ihn der Wunsch, Christ zu werden, den er bald auch seinen Eltern vortrug. Wie es dazu kam, beschreibt er so: „Ich habe den Lebensalltag frommer Christen aus nächster Nähe erlebt. Sie wussten genau, dass wir Juden waren und haben mir gegenüber eine beispielhafte Zurückhaltung geübt." Wieder einmal zeigt sich, dass verbale Bekehrungs-versuche oft kontraproduktiv wirken, während ein konsequentes Leben aus der eigenen Glaubensüberzeugung missionarischen Charakter hat.

Das Interesse am Christentum war geweckt und Aaron begann die Bibel zu lesen. Diese Lektüre hatte weitreichende Folgen, wie er später bekannte: „Geblieben ist vor allem der Eindruck einer Kontinuität zwischen dem sogenannten Alten und Neuen Testament. Ich habe sie nacheinander gelesen. Von diesem Augenblick an hatte sich das Neue Testament tief in mein jüdisches Bewusstsein eingeprägt. Für mich handelte es sich um die gleiche spirituelle Frage, die gleiche Gnade und das gleiche Versprechen: das Heil der Menschen, die Liebe und Erkenntnis Gottes. Ich bin überzeugt davon, dass ich unmittelbar und intuitiv in dem leidenden Messias das Schicksal des verfolgten jüdischen Volkes erkannte."

Mit Begeisterung las er auch Pascal und fragte Mitschüler oder seine Zimmerwirtin nach dem christlichen Glauben. Der direkte Anstoß für seine Konversion war ein Besuch in der Kathedrale am Gründonnerstag 1940, wobei er allerdings nicht wusste, was das Besondere dieses Tages war. „Ich ging bis zum südlichen Querschiff, wo mir eine streng geordnete Fülle von Blumen und Lichtern entgegenleuchtete. Ergriffen von diesem Anblick, hielt ich einige Augenblicke lang inne. Ich wusste nicht, warum ich hier war, noch was in mir vorging. Ich kannte nicht die Bedeutung dessen, was ich sah. Ich wusste nicht, welches Fest man feierte und was die Menschen in dieser Stille taten. Ich ging nach Hause in mein Zimmer und erzählte niemandem etwas davon. Am nächsten Tag ging ich wieder zur Kathedrale. Ich wollte diesen Ort noch einmal sehen. Die Kirche war leer, leer auch im geistigen Sinne. Und ich lies diese Leere auf mich wirken: Ich wusste nicht, dass Karfreitag war – ich beschränke mich jetzt auf den äußeren Hergang der Dinge! –, und in diesem Moment dachte ich: Ich will getauft werden."

Lustigers Eltern waren alles andere als begeistert von den Konversionsplänen ihres Sohnes und wollten ihn dazu bringen, doch den eigenen jüdischen Glauben zu vertiefen. Aber Aaron bewies ihnen, dass Jesus der verheißene Messias des Volkes Israels ist. Bischof Courcoux übernahm selbst die religiöse Unterweisung für Aaron und seine Schwester, die er ebenfalls zur Konversion bewegen konnte. Seine Mutter wurde 1943 deportiert und in Auschwitz ermordet; auch sein Vater blieb zeitlebens Jude.

Aaron Lustiger fügte bei seiner Taufe am 25. August 1940 in der Kapelle der Bischofsresidenz seinem bisherigen Vornamen noch die

Namen Jean-Marie an. Ein zentraler Gedanke in seiner Spiritualität ist, dass er zwar Christ wurde, aber dadurch sein Judentum nicht ablegte. „Ich bin als Jude geboren und werde es bleiben, selbst wenn dies nicht die Ansicht mancher Rabbiner ist." Sein Verhältnis zum Judentum beschrieb er ausführlich in dem 2002 erschienen Bestseller „La promesse" („Die Verheißung", 2003).

Die Christen sah er geistlich angegliedert an das Volk Gottes, „das vollständig abhängt von Gott". Der Alte Bund findet seine Fortsetzung im Neuen Bund, dem jetzt alle Völker beitreten können. Daher sei es notwendig, dass sich die Christen auf ihr geistliches Erbe besinnen. Lustiger war deshalb immer ein scharfer Gegner der sogenannten Entmythologisierung der Bibel. Er sah darin Götzendienerei und eine „tragische Selbstverstümmelung".

Erst als er die Gefahren des Zeitgeistes erkannte, wurde er fähig, über das Schicksal der Juden im Dritten Reich zu sprechen. In Jesus Christus ist zwar der Messias gekommen, aber wir leben immer noch in der Verheißung auf endgültiges Heil. Bei seinem Besuch in Yad Vachem schrieb er in das Buch der Gedenkstätte: „Mögen die Schreie der Toten und der Lebenden gehört werden, auf Erden und im Himmel"; er unterschrieb als „Aaron Jean-Marie Lustiger".

Am 17. April 1954 wurde Lustiger zum Priester geweiht. Fünfzehn Jahre lang war er Studentenseelsorger an der Sorbonne und an weiteren bedeutenden Eliteschulen. 1969 wurde er Pfarrer einer Pariser Stadtgemeinde. Am 18. Dezember 1979 empfing er die Bischofsweihe und trat das Bischofsamt in Orléans an. Schon am 2. Februar wechselte er als Erzbischof nach Paris und wurde exakt zwei Jahre später in das Kardinalskollegium aufgenommen. Der beliebte Prediger, tiefgeistige Theologe und Autor zahlreicher Bücher wurde 1995 in die *Académie Francaise* aufgenommen. Aus Alters- und Krankheitsgründen legte er im Februar die Leitung der Erzdiözese Paris nieder.

Nach längerem Krebsleiden starb er am 5. August 2005 in Paris. Bei seiner Beerdigung am 10. August wurde nach dem Willen des Verstorbenen Erde aus Israel auf das Grab gestreut und das jüdische

Totengebet rezitiert. Auf seiner Gedenktafel in der Kathedrale „Notre Dame“ stehen die von ihm selbst verfassten Sätze: „Ich bin als Jude geboren. Ich trage den Namen meines Großvaters väterlicherseits, Aaron. Christ geworden durch den Glauben und die Taufe, bin ich doch Jude geblieben, wie es auch die Apostel geblieben sind. Meine heiligen Patrone sind der Hohepriester Aaron, der heilige Apostel Johannes, die heilige Maria voll der Gnade. Von Papst Johannes Paul II. zum 139. Erzbischof von Paris ernannt, wurde ich am 27. Februar 1981 in dieser Kathedrale inthronisiert und habe meinen gesamten priesterlichen Dienst hier verrichtet. Wer hier vorbeigeht, möge für mich beten. – Aaron Jean-Marie Kardinal Lustiger, Erzbischof von Paris.“

Die heile Welt

Werner Bergengruen

Weder er noch seine Kinder sind Mitglieder einer Parteigliederung. Der deutsche Gruß ‚Heil Hitler' wird weder von ihm noch von seiner Familie angewendet. Eine NS-Presse bezieht er, soweit bekannt ist, ebenfalls nicht. Bemerkt sei noch, dass Bergengruen konfessionell stark gebunden ist." Mit diesen Worten wurde Werner Bergengruen im Oktober 1937 aus der Reichsschrifttumskammer ausgeschlossen.

Der am 16. September 1892 in der lettischen Metropole Riga geborene Arztsohn, der als Journalist und freier Schriftsteller lebte und als Mitglied der Oberschicht keinen Brotberuf erlernen musste, war seit 1919 mit Charlotte Hensel verheiratet, die jüdischer Abstammung war. In seinem Roman „Der Großtyrann und das Gericht" übte er schon 1935 in historischem Gewand Kritik am Nationalsozialismus. Da er einer der beliebtesten deutschen Schriftsteller war, konnte auch das über ihn verhängte Publikationsverbot, das auch Rundfunkbeiträge und Vorträge einschloss, nur wenig erreichen. Zahlreiche seiner Werke erschienen dennoch.

1936 konvertierte er zur katholischen Kirche, was er als Folge einer „langsamen, organischen Entwicklung" betrachtete. Den Glauben sah er als „Sprung über den Schatten der eigenen Existenz".

Bergengruen ging während des NS-Regimes in die „innere Emigration" und zog schließlich 1946 in die Schweiz. Danach lebte er zwei Jahre lang in Rom und ab 1958 in Baden-Baden. Mit dem Ehrendoktor der Philosophie und dem Orden „Pour le Mérite" erhielt er 1958 auch zwei bedeutende Auszeichnungen.

In Bergengruen wurzelte die tiefe Überzeugung, dass die Welt geborgen ist in einer ewigen Ordnung, die letztlich durch nichts erschüttert werden kann. Sehr wohl gibt es immer die menschliche Schuld und Schwäche, doch all dies vermag die Welt nicht aus der Bahn zu werfen. Das ganze lyrische und prosaische Werk Bergengruens transportiert die Botschaft dieses großen Gottvertrauens. Eine 1950 veröffentlichte Gedichtsammlung, welche auch die Fehler des Nationalsozialismus anspricht, jedoch nicht eine Kollektivschuld propagiert und auf die unzerstörbare göttliche Ordnung verweist, trägt den bezeichnenden Titel „Die heile Welt“.

Gerade an diesem Glauben an eine unverrückbare Ordnung in der Welt nahmen die Achtundsechziger Anstoß. Plötzlich galten die Werke jenes Mannes, der noch kurz zuvor ein Bestseller-Autor war, als nicht mehr zeitgemäß.

Bergengruen hinterlies ein reichhaltiges Opus an Romanen und Erzählungen. Letztere bildeten den Schwerpunkt seines literarischen Schaffens. Am 4. September 1964 verstarb Werner Bergengruen in Baden-Baden.

In seinen Gedanken zum Tod schrieb er schon 1945: „Der Mensch ist im Tode nicht weniger in Gottes Hand und innerhalb der Werke Gottes als im Leben. Wie kann der fromm sein wollen, der das nicht wahrhaben möchte? Wie kann der in die Schöpfung, wie kann der in die göttliche Weltordnung einstimmen, der eine ihrer Fundamentalursachen nicht zu lieben vermag? Wie kann, wer den Tod nicht liebt, ein Christ heißen wollen?“

Tragik unter der Gnade

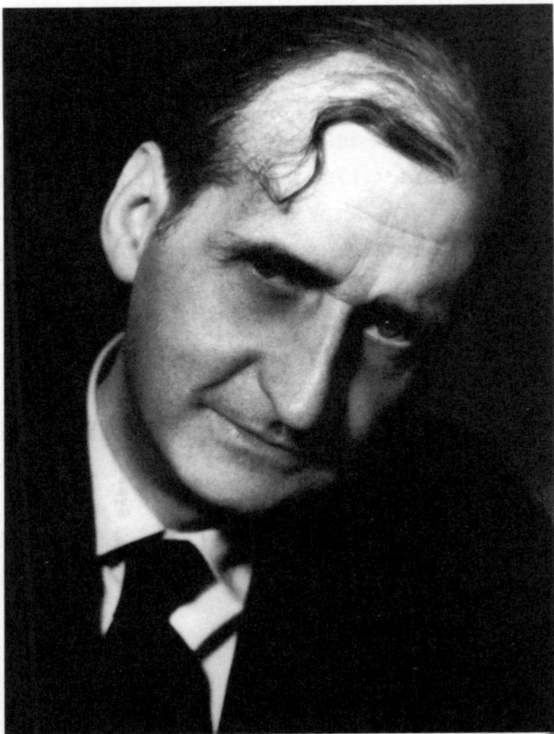

Reinhold Schneider

Garantiert eine erfolgte Bekehrung für alle Zukunft einen beständigen Glauben oder besteht nicht immer die Gefahr des Rückschlags oder Widerrufs? An der Person Reinhold Schneiders wird deutlich, dass auch für den Konvertiten die Gefahr des Glaubensverlusts bleibt. Nicht nur das Erlangen des Glaubens, auch sein Bewahren ist letztlich reine Gnade.

Soldaten an der Front haben die Gedichte von Reinhold Schneider gierig verschlungen und sie einander weitergereicht. Hier konnten sie Trost und Stärkung schöpfen aus Versen, die pointiert wieder Gott als den wahren Herrn der Welt bezeichneten und die aufzeigten, wo Hoffnung und Kraft auch in aussichtsloser Lage zu finden ist: „Nur den Betern kann es noch gelingen, das Schwert ob unseren Häuptern aufzuhalten." So beginnt Schneiders wohl bekanntestes Sonett. Gerade der Mann jedoch, von dem diese Zeilen stammen, endete selbst in Verzweiflung und Resignation.

Reinhold Schneider wurde am 13. Mai 1903 in Baden-Baden als Hoteliersohn in einer konfessionell gemischten Ehe geboren. Schon früh gab er die Glaubenspraxis auf. Von Jugend an hatte er einen Hang zur Schwermütigkeit, der bereits 1922 zu einem Selbstmordversuch führte, nachdem auch der Vater seinem Leben ein Ende setzte.

In seinem Tagebuch notierte Schneider am 13. Juni 1932: „So weit sehe ich heute: Was mir bevorsteht, ist offenbar die Auseinandersetzung mit Christus selbst; bisher habe ich mich nur mit dem Christentum, und zwar in seiner stärksten, der spanisch-katholischen Form, auseinandergesetzt; noch niemals mit Christus."

Seine Bekehrung nahm ihren Anfang, als er 1934 die Londoner Kathedrale St. Paul's betrat. „Es war nachmittäglicher Gottesdienst in fast leerem Raum. Aber dieser Raum, den die fahlen Lichtbahnen durchkreuzten, war erfüllt von einem bedeutenden religiösen Gehalt. Er erschütterte mich." Eine Bibel, die er sich als Knabe gekauft hatte und die er am Weihnachtsabend 1936 aufschlug, lies ihn schließlich erkennen: „Dieses Buch kann man nicht lesen, wie man die Exerzitien des heiligen Ignatius nicht lesen kann. Man kann es nur tun. Es ist kein Buch. Es ist Lebensmacht. Und es ist unmöglich, auch nur eine Zeile zu begreifen, ohne den Entschluss, sie zu vollziehen."

Zum ersten Mal seit zwanzig Jahren ging Reinhold Schneider wieder zur heiligen Messe. „Ich kam wie einer, der die Sprache verlernt hat, in die Heimat. Aber ich hatte die Sprache der Heimat nie erlernt, und nun, langsam, indem sich mir alle Lebensumstände umkehrten, versuchte ich, sie zu lernen. Ich war auf die objektive Wahrheit gestoßen, die Wahrheit in Fleisch und Blut und zugleich göttliche, außerweltliche Macht. Sie ist für mich die einzige Macht, die ein Leben aus den Angeln heben kann."

Von da an ging er täglich zur heiligen Messe, allerdings empfing er nicht die heilige Kommunion. Erst als er – zum ersten Mal nach langen Jahren – zur Beichte ging, wagte er auch dies. „Es genügt nicht, das Wort als Brot des Geistes zu empfangen: Wir müssen es essen. So hat es Christus gewollt." Es zeigt sich, wie Schneider sich schrittweise der Kirche näherte. Seine „Heimkehr" – wie er selbst seine Bekehrung nannte – war ein langer, beschwerlicher Weg. „Ich bin lebenslang Regungen gefolgt, für die mir die Bezeichnung ‚Ruf' heute zu pathetisch ist."

Nun änderte sich auch der Inhalt seiner schriftstellerischen Tätigkeit. Schrieb er bis 1938 vorwiegend historische Bücher und war gedanklich dem deutschen Idealismus stark verbunden, so entstanden nach seiner Bekehrung christliche Erzählungen, Essays und Sonette. Seitdem galt Reinhold Schneider als eindeutig christlicher Autor.

Er lehnte das NS-Regime ab und übte daran heftige Kritik. Als ständiger Mitarbeiter an Guttenbergs Monatszeitschrift „Monarchie" sah er in der Monarchie eine „ins Metaphysische weisende Ordnung". In der Erzählung „Las Casas vor Karl V." kritisierte er im historischen Gewand die Judenverfolgung der Nationalsozialisten. Außerdem pflegte er Kontakte zum Kreisauer Kreis. Dies brachte ihm ab 1941 ein Schreib- und Veröffentlichungsverbot ein sowie im Jahre 1945 eine Anklage wegen Hochverrat.

Eine Emigration hat er dennoch stets abgelehnt. Er begründet seine Haltung mit den Worten: „Ich kann nur leben mit meinem Volke; ich möchte und muss seinen Weg mitgehen Schritt für Schritt; so hoch ich diejenigen achte, die aus Gesinnung emigrierten, so habe ich doch nie daran gedacht, Deutschland zu verlassen; es hat sich auch ergeben, dass eine geistige Einwirkung auf ein der Diktatur unterworfenes Land von außen kaum möglich ist."

Schneider wurde einer der führendsten Vertreter der „inneren Emigration". Er verfasste jene Gedichte, die den Soldaten im Krieg und selbst den Gefangenen in den Konzentrationslagern so viel Trost und Kraft schenkten. Schneider selbst bezeichnete dies als „religiösen Sanitätsdienst". Edzard Schaper nannte ihn später „das Gewissen Deutschlands".

Nach Kriegsende nahm der Pessimismus Schneiders dann aber immer mehr zu. Er übte massive Kritik am blinden technologischen Fortschrittsglauben und an der Zerstörung der natürlichen Lebensgrundlagen. Die Beliebtheit des meistgelesenen deutschen Autors begann zu schwinden.

Es erschienen die beiden autobiografischen Werke „Verhüllter Tag" (1954) und „Winter in Wien" (1958), in denen eine große Hoffnungslosigkeit zutage tritt. Reinhold Schneider vermag oft nicht einmal mehr jenen Trost im Glauben zu finden, den er einst so vielen anderen spendete. In „Verhüllter Tag" schreibt er: „Alle Abgründe sind aufgerissen: die des Kosmos, die des Menschen. Wenn doch noch eine Hoffnung bliebe, so kann sie nur sein in dem Sterben Christi an unserem Leibe. Die Hoffnung ist das Leiden." Noch pessimistischer ist seine Sicht in „Winter in Wien". Dort schreibt er: „des Vaters Antlitz hat sich ganz verdunkelt ... Ich kann eigentlich nicht mehr ‚Vater' sagen ... Beten über den Glauben hinaus, gegen den Glauben, gegen den Unglauben, gegen sich selbst ... – solange dieses Muss empfunden wird, ist Gnade da."

Gerade dieses Vertrauen auf die Gnade Gottes ist es, das ihn letztlich vor einem absolut tragischen Leben eines Nihilisten bewahrt.

Die geistliche Verfassung Reinhold Schneiders in seinen letzten Lebensjahren gleicht daher eher der „dunklen Nacht", die die großen christlichen Mystiker erfahren und beschrieben haben. Schneider selbst schreibt: „Es gibt für den Christen sowohl eine Tragik unter der Gnade wie eine gnadenlose. Die Tragik unter der Gnade erfährt der Mensch, der die Wahrheit tun will und daran scheitert, dass sie nicht getan werden kann in dieser Welt; die gnadenlose Tragik der Mensch, der die Wahrheit nicht will."

Für sein Wirken hat Reinhold Schneider zahlreiche Auszeichnungen erhalten: 1952 den Orden „Pour le Mérite", 1955 die Aufnahme in die Akademie der Künste und 1956 den Friedenspreis des Deutschen Buchhandels. Wenige Tage nach der Abgabe seines Manuskripts zu „Winter in Wien" stirbt er am Ostersonntag 1958 an den Folgen eines Sturzes in Freiburg im Breisgau. Werner Bergengruen hielt als enger Freund des Verstorbenen auf dem Baden-Badener Friedhof die Grabrede. Dabei sagte er: „Der Schatten der Vergeblichkeit alles irdischen Tuns ... hat ihn nicht hindern können, männlich das Seine zu tun, bis in seine letzten Tage. So kämpfte er den heroischen Kampf mit den Widerständen, die seine Krankheit ihm wie steinerne Bastionen entgegensetzte ..., um den Auftrag seines Dienstes zu erfüllen."

Naturwissenschaft und Glaube

Max Thürkauf

Auch die Biografie des 1925 geborenen Schweizer Naturwissenschaftlers Max Thürkauf hat einen eklatanten Bruch. Dieser ereignete sich, als er 1967 von seiner Beamtung als Universitätsprofessor in Basel zurücktrat. Voraus ging ein Denkprozess, der schon im Jahr 1959 begann. Als in der südfranzösischen Sahara die erste Plutoniumbombe gezündet wurde, erkannte Thürkauf, dass dieses Ereignis nur möglich war durch den Bau einer Anlage zur Herstellung von schwerem Wasser, der in seiner Verantwortung lag.

Das schwere Wasser hat für Atomkraftwerke, die mit natürlichem Uran betrieben werden, eine große Bedeutung. Aber man benötigt es auch zur Herstellung von Plutonium-Bomben. Obwohl ihm im Jahre 1963 für die Herstellung von schwerem Sauerstoff der RUZICKA-Preis verliehen wurde, änderte sich für Max Thürkauf sein Denken. Er fragte sich nicht mehr nur, wie etwas zu tun sei, sondern immer entscheidender wurden jetzt für ihn die Fragen: Was tue ich eigentlich? Darf man alles tun, was man tun kann? Das „Know-how", das für viele Naturwissenschaftler die einzige Antriebskraft für ihr Tun darstellt, wurde ergänzt durch die Frage nach der moralischen Verantwortung.

Damit trat nun auch die religiöse Frage auf den Plan. Für Max Thürkauf, der sich bereits in jungen Jahren von der Kirche abgewandt hatte, begann ein langes Suchen. Zunächst konnte er sich noch nicht an eine Institution binden. Er pflegte eine eher deistisch geprägte Religiosität, wandte sich dann der Anthroposophie Rudolf Steiners zu, um schließlich in seinem nimmermüden Suchen nach der Wahrheit in den Schoß der römisch-katholischen Kirche zurückzufinden., in die er 1981 gemeinsam mit seiner Gattin Inge wieder eintrat.

Da Max Thürkauf in seiner Liebe zur Naturwissenschaft deren menschliches Antlitz wahren wollte, kritisierte er immer stärker die heutige naturwissenschaftliche Praxis, die allein vom Machbarkeitsdenken ausging. Doch Mahner sind stets unbequem und müssen oft das Schicksal erleiden, das so viele Propheten schon zuvor erlitten haben.

So wurden in Forschung und Wissenschaft immer mehr Stimmen laut, die Thürkauf zwangen, von seiner Beamtung an der Universität Basel zurückzutreten. Nach dem Rücktritt von seiner Beamtung durfte er als Professor für physikalische Chemie weiter dozieren, erhielt dafür allerdings keine Besoldung mehr. Zeitweise verdiente er sich seinen Lebensunterhalt als Fluginstrukteur für Grundausbildung und Kunstflug.

In seinen Vorlesungen wurden nun immer stärker erkenntnistheoretische, philosophische und religiöse Fragen angesprochen, sofern sie im Zusammenhang mit der Arbeit des Naturwissenschaftlers stehen. Ebenso machte Max Thürkauf sich einen Namen als Vortragsreisender sowie als Autor zahlreicher Bücher, die sich mit dem Verhältnis der Naturwissenschaft zur Religion beschäftigen.

Der Grundgedanke war für Max Thürkauf stets das benediktinische „ora et labora". So wie ein Beten, das sich ganz dem praktischen Arbeiten verschließt, verfehlt ist, so ist auch jedes Arbeiten verfehlt, das nicht vom Gebet begleitet ist. Thürkauf verliert nicht die Liebe zur Naturwissenschaft, doch er ergänzt sie um die Liebe zu Gott. Ein wertfreies Forschen kann es daher für ihn nicht geben. So tadelt er den „alle Werte entwertenden Wert der Wertfreiheit" und plädiert deshalb für ein „wertvolles Forschen" – ein Forschen nicht nur mit dem Kopf, sondern auch mit dem Herzen.

So kritisiert der Wissenschaftler Thürkauf nie die Wissenschaft selbst, er übt nur dort Kritik, wo an die Stelle der Wissenschaft schon der Glaube an die Wissenschaft getreten ist, jener Religionsersatz, der meint, dass die Welt allein durch die Naturwissenschaft erklärt werden könne. Thürkauf kämpfte gegen einen naturwissenschaftlichen Atheismus, welcher die Würde des Menschen letztlich zerstört.

Weit gefährlicher allerdings als in der Naturwissenschaft ist die Wissenschaftsgläubigkeit in der Theologie. Daher geht Max Thürkauf hart ins Gericht mit jenen Theologen, für die das Reden von Gott losgelöst vom Reden mit Gott betrieben wird. Eine klare Absage erteilt er jedem rationalistischen Denken, das bei zahlreichen

Theologen und Priestern schon anstelle der Spiritualität getreten ist.

Inge M. Thürkauf, die Gattin des Naturwissenschaftlers, hat gemeinsam mit ihrem Mann die Hinwendung zum Glauben vollzogen. Auch sie, die aus dem Protestantismus kam, ist 1981 in die römisch-katholische Kirche eingetreten. Als Schauspielerin stellte sie von nun an ihren Beruf in den Dienst der Glaubensverkündigung. Sie schrieb bisher fünf eigene Theaterstücke, die sie selbst auch aufführt. Darüber hinaus begleitete sie ihren Mann auf seinen Vortragsreisen und versucht, seit dessen Tod am 26. Dezember 1993 sein gedankliches Erbe in Vorträgen und Seminaren weiterzugeben.

Folgende Aphorismen geben einige zentrale Gedanken von Max Thürkauf wieder:

„Nicht an die Wissenschaft, sondern in der Wissenschaft soll geglaubt werden – an den, der die Wissenschaft durch seine Geschöpfe ermöglicht: an Gott."

„Wer die Schöpfungsgeschichte nicht als eine Liebesgeschichte erkennt, kann nur den Zufall als Ursache dafür anführen, dass etwas ist und dass nicht nichts ist."

„Naturwissenschaft ohne Gebet ist ein schneller Weg, um von Gott wegzukommen, aber mit Theologie ohne Gebet geht es noch schneller."

„Die materialistische Naturwissenschaft erzieht die Menschen zum Hochmut."

„Wir müssen unsere Wissenschaft und unsere Wirtschaft den Zehn Geboten anpassen und nicht etwa hoffen, Gott würde seine Gebote uns anpassen, weil wir mit Wissenschaft und Wirtschaft so erfolgreich sind."

„Es fehlt nicht an Wissen, es fehlt an Glauben; noch nie haben die Menschen so viel gewusst und so wenig verstanden."

Es ist nie zu spät

Ernst Jünger

Am 17. Februar 1998 verstarb Ernst Jünger kurz vor Vollendung seines 103. Lebensjahres. Erst bei seiner Beerdigung durch einen katholischen Priester erfuhr die Öffentlichkeit von seiner anderthalb Jahre zuvor erfolgten Konversion zur katholischen Kirche. Dies war umso spektakulärer, da man bis dahin annahm, er stünde der Kirche eher distanziert gegenüber. Als Wegbereiter der Postmoderne stand er nach der Meinung vieler für eine nachchristliche Religion, welche mit der Wiederbelebung alter Mythologien einherging.

Post mortem begann unter den Jünger-Forschern das Rätselraten, wie man sich diesen Schritt eines der größten deutschen Schriftsteller erklären konnte. Immerhin war der gebürtige Protestant, der jahrzehntelang kirchenfern lebte, als Ästhet bekannt. War es die Liebe zur römisch-katholischen Liturgie, die ihn zu diesem Schritt motivierte? War es seine traditionell konservative Grundhaltung? Immerhin soll Jünger in seiner Wahlheimat Wilflingen in Oberschwaben mehrfach geäußert haben, er möchte so beerdigt werden „wie alle hier". Doch diese Erklärungsversuche greifen zu kurz; und so hat die Jüngerforschung mittlerweile einiges Material zutage gefördert, mit dem sich eine zunehmende Annäherung an den katholischen Glauben in Jüngers letzten Lebensjahrzehnten nachweisen lässt.

So belegen seine Tagebücher, dass der 1895 geborene Ernst Jünger im Zweiten Weltkrieg zweimal die Bibel las, ferner den von ihm so sehr geschätzten Léon Bloy sowie Carl Schmitt und die frühchristlichen Kirchenväter. Von der protestantischen Konfession, in der ein immer stärkerer Prozess der Entmythologisierung einsetzte, begann Jünger sich mehr und mehr zu entfernen. Der „Käfer- und Faktensammler" suchte überall nach Spuren der Transzendenz und zeigte starkes Interesse für die Gnosis. „Für mich gibt es in der Natur, im Kosmos eine göttliche, geheiligte Dimension."

Einer genau definierten Religion oder einem fest umrissenen Weltbild wollte er sich nicht zuwenden; vielmehr suchte er ein neues System, in das sich alle bekannten Religionen, alte Mythologien, aber auch bedeutende Werke der Literatur integrieren ließen. Schon deshalb konnte Jünger wohl nur bei jener Glaubensgemeinschaft landen, die Wert legt auf die treue, nie veränderte Überlieferung und die zudem für sich in Anspruch nimmt, „katholisch“ zu sein, das heißt „umfassend“, nicht nur in geografischer, sondern auch in historischer und geistlicher Hinsicht. Jünger schrieb einmal: „Im Grunde kommt nichts leichter zusammen als ein alter Priester und ein alter Soldat. Der eine hat sich für das Vaterland unten, der andere für das oben aufgeopfert; kein weiterer Unterschied.“

Hinzu kommt, dass Jünger die zunehmende Technisierung äußerst kritisch beobachtete. Gleichzeitig bemerkt er, dass sich Gott in unserer Welt immer weniger wahrnehmen lässt. Vor allem in seinem Spätwerk „Die Schere“ entfaltet er diesen Gedanken sehr stark. Er schreibt: „Inzwischen haben wir eine Station erreicht, in der auch die Physik Gleichnisse anbietet. Das hängt damit zusammen, dass sie in die Lücke eindringt, die der Rückzug der Götter hinterlassen hat.“ Trotzdem gibt Jünger die Hoffnung auf eine Wende nicht auf, die dem Religiösen wieder einen größeren Raum in unserer Welt zukommen lässt. Dies ist dann in der Postmoderne geschehen.

Ernst Jünger war weder Naturwissenschaftler noch Logiker, sondern Schriftsteller und Poet. So nähert er sich der übernatürlichen Welt nicht argumentativ, sondern in Bildern. „Wo Bilder fallen, müssen sie durch Bilder ersetzt werden, sonst droht Verlust.“ Er schreibt von der „Hoffnung, die jeden angeht ... als Ausblick durch die Kerkerwand.“ Dort gibt es eine „andere Seite“, „eine Welt, die außerhalb unserer Erfahrung“ liegt. Über die menschliche Wahrnehmung schreibt er dann: „Wir unterscheiden ... zwischen dem Sichtbaren, dem Unsichtbaren und dem Nicht-Vorhandenen.“

Gerade jenem Unsichtbaren, das dennoch vorhanden ist, gilt sein besonderes Augenmerk in seinem Beobachten, Denken und Schreiben. Dazu bedarf es der Bilder: „Das Mögliche, besser noch das Vermögende, ist unbegreiflich; die Vorstellung ist von ihm wie durch eine Mauer getrennt. Es kann nur durch Dinge, die innerhalb der Erfahrung liegen, der Anschauung näher gebracht werden – also durch Gleichnisse.“

Trotzdem setzt Jünger das Wort „Gott“ immer in Anführungszeichen. Er begründet dies folgendermaßen: „Die Wirklichkeit des Göttlichen ist für mich unleugbar, aber sie ist auch schwer zu definieren und zu benennen.“

In seinem gesamten Schriftwerk verlässt Jünger allerdings nie die Ebene der Bilder und Gleichnisse. Er bleibt ein Dichter mit mystischer Ader, wird aber nie zum Bekenner. Der Leser kann dennoch in vielen seiner bildlichen Vergleiche den Schöpfergott oder den Erlöser Jesus Christus erkennen. Allein aus dem Text heraus ist diese Deutung nicht zwingend, sondern nur eine neben vielen Möglichkeiten. Wer aber um Jüngers Konversion weiß, hat einen Schlüssel, der ihm den Zugang zur Jüngerschen Bilderwelt erschließt.

Schon allein die Tatsache, dass Ernst Jünger im 102. Lebensjahr am 26. September 1996 die besagte Hinwendung zur katholischen Kirche vollzog, spricht dafür, dass ihm bis dahin etwas Entscheidendes in seinem Leben fehlte: die letzte Antwort, die eine Zusammenschau und Deutung aller von ihm beobachteten Phänomene ermöglicht.

€ 5.-